VEGAN BBQ

DAS VEGANE GRILLBUCH

VON ANNA WALZ

**MIT FOTOS VON ULRIKE SCHMID
UND SABINE MADER**

Edition
Fackelträger

INHALT

NATURAL BORN GRILLERS 6

BIS DER GRILL HEISS IST:
VORSPEISEN & BEILAGEN 12

LOS GEHT'S: GEGRILLTE
KLEINIGKEITEN 28

JETZT WIRD'S ERNST:
HAUPTGERICHTE 46

SAUCEN FÜR ALLES: PESTO,
KETCHUP, MAYO & CO. 82

DER LETZTE GANG: SÜSSES 108

VORHER, NACHHER UND
DABEI: GETRÄNKE MIT UND
OHNE ALKOHOL 118

REZEPTE FÜR VEGANE BASICS 134

REGISTER 138

IMPRESSUM 144

NATURAL BORN
GRILLERS

NATURAL BORN GRILLERS

UND WAS KANNST DU DANN SO ESSEN?

Auch wenn es in den letzten Jahren viel einfacher geworden ist, vegane Lebensmittel zu kaufen oder sich von einem wunderschönen Kochbuch inspirieren zu lassen, manche Bereiche sind einfach immer noch stark omnivor geprägt. Eine Einladung zum BBQ ist meist gleichbedeutend mit einem von Fleischbrocken überladenen Rost. Woran das liegt? Vielen fehlt es vermutlich an kreativen Ideen oder sie verbinden vegetarisches oder veganes Grillen mit kargen Gemüsespießen, banalen Folienkartoffeln und den Resten vom Beilagensalat. Ach ja, und etwas Brot ist bestimmt auch noch da!

Dass veganes Grillen an Üppigkeit und vor allem Abwechslung nicht zu überbieten ist, muss eigentlich gar nicht erwähnt werden. Denn wer veganes Kochen und Essen liebt, kann in Gemüse geradezu schwelgen. Wie das konkret geht?

GEMÜSE ESSEN

Die Zutaten sollten so frisch wie möglich sein, am besten kommen sie natürlich direkt aus der Region. Viele Produkte in diesem Buch stehen ohne den Zusatz »vegan« in der Zutatenliste – ganz einfach weil es klar ist, dass für das Vegan BBQ nur vegane Zutaten verwendet werden. So kommt beim Shoppen selbstverständlich der vegane Senf oder die vegane Pflanzenmargarine in den Einkaufskorb. Bei einigen Produkten steht der Hinweis in der Zutatenliste trotzdem noch mal explizit dabei, wie bei veganer Sahne oder veganen Grillwürstchen, damit sich keiner wundert, warum in einem veganen Kochbuch plötzlich Sahne verwendet wird. Bei manchen Produkten wiederum ist es gar nicht so einfach, vegane Alter-

JIPPIIIE

nativen zu finden, daher gibt es im Anhang ein großes, informatives Register, das nicht nur hilft, schnell ein passendes Rezept zu finden, sondern das zusätzlich konkrete, vegane Alternativen auflistet.

Wer noch weitergehen möchte, findet ebenfalls im Anhang ein paar Basicrezepte, die 100 % vegan sind, z. B. für Kokossahne oder ein definitiv veganes Sauerteigbrot, mit selbst gemachtem Sauerteigansatz.

NACHHALTIG – NATÜRLICH OHNE ALU & CO.

Nicht bei allen Gemüsesorten und auch nicht bei allen Zubereitungsarten lässt sich die direkte Hitze des Grills nutzen, egal ob bei Kohle, Gas oder Elektro. Aluschalen braucht dafür aber kein Mensch mehr. Mittlerweile gibt es ein ganzes Arsenal an Grillzubehör aus Email oder Edelstahl, z. B. Grillschalen und -woks, Gemüsekörbe oder kleine Pfännchen. Ganz simpel können aber auch gusseiserne Pfannen oder Töpfe dafür verwendet werden.

ALSO ALLES GANZ EINFACH, ODER?

Genau, alles ganz einfach, schnell zur Hand und auch für spontane Grillsessions gut geeignet. Einige Rezepte lassen sich auch hervorragend vorbereiten und mitbringen. Und weil zum Grillen natürlich auch das Chillen gehört, gibt's einige leckere Drinks unter den Rezepten, mit oder ohne Alkohol. In diesem Sinne:

PROST – UND VIEL SPASS BEIM VEGAN BBQ

BIS DER G
IST: VOR
& BEIL

RILL HEISS
SPEISEN
AGEN

BUNTER KRAUTSALAT MIT ZITRONEN-JOGHURT-SAUCE

FÜR 4–6 PORTIONEN

ZUBEREITUNG

1_ Vom Spitzkohl die äußeren Blätter entfernen. Spitzkohl vierteln, den Strunk entfernen und die Stücke auf einem Hobel fein reiben. Karotten putzen und mit einer Reibe ebenfalls fein reiben. Kohl und Karotten in einer Schüssel mit Salz und Zucker mischen und mit den Händen kräftig durchkneten. Dabei brechen die Zellstrukturen des Kohls auf, er wird weich und leichter verdaulich.

2_ Für die Sauce die Zitrone heiß waschen, trocknen und je nach Größe die Hälfte bzw. die ganze Schale fein abreiben. Saft auspressen. Rosmarin waschen, trocknen, die Nadeln abzupfen und fein schneiden. Alle Zutaten für die Sauce mischen und kräftig mit Salz und Pfeffer abschmecken. Sauce und Salat mischen und 1 Stunde ziehen lassen.

ZUTATEN

FÜR DEN SALAT

500 g Spitzkohl ◆ 500 g bunte Karotten (rot, gelb, orange) ◆ 1 TL Salz ◆ 1 EL Rohrohrzucker

FÜR DIE SAUCE

½–1 unbehandelte Zitrone ◆ 3 Rosmarinzweige ◆ 200 g Sojajoghurt ◆ Salz ◆ Pfeffer

CURRY-BULGUR-SALAT MIT GETROCKNETEN KIRSCHEN UND PISTAZIEN

FÜR 4 PORTIONEN

ZUBEREITUNG

1 Den Bulgur bereitstellen. Nach Packungsanweisung des Bulgurs Gemüsebrühe mit Currypulver und Tomatenmark aufkochen. Zwiebel schälen und in einem Topf im Öl glasig dünsten. Bulgur zugeben, die Gemüsebrühe angießen und aufkochen. Topf abdecken, vom Herd nehmen und den Bulgur nach Packungsanweisung gar ziehen lassen.

2 In der Zwischenzeit Kirschen grob hacken. Gurke waschen, streifig schälen, halbieren und in Scheiben schneiden. Paprika ebenfalls waschen, entkernen und in feine Würfel schneiden. Pistazien schälen und grob hacken. Minze waschen, trocknen, die Blättchen abzupfen und grob schneiden. Bulgur mit den vorbereiteten Zutaten mischen, mit Zitronensaft, Salz und Pfeffer kräftig würzen.

ZUTATEN

150 g Bulgur ◆ ca. 300 ml Gemüsebrühe ◆ 2 TL scharfes Currypulver ◆ 1 EL Tomatenmark ◆ 80 g Zwiebel ◆ 2 EL Olivenöl ◆ 70 g getrocknete Kirschen ◆ ½ Gurke (ca. 250 g) ◆ 1 gelbe Paprika (ca. 130 g) ◆ 120 g Pistazien mit Schale ◆ 3 Minzstängel ◆ Saft von ½ Zitrone ◆ Salz ◆ Pfeffer

ZUBEREITUNGSZEIT 40 MINUTEN

GLASNUDELSALAT MIT THAIDRESSING

FÜR 4–6 PORTIONEN

ZUBEREITUNG

1 _ Glasnudeln in einem Topf nach Packungsanweisung mit kochendem Wasser übergießen und bissfest gar ziehen lassen. Nudeln abgießen und kalt abschrecken. Erdnüsse grob hacken und in einer Pfanne ohne Fett unter Rühren rösten, bis sie anfangen zu duften. Sofort auf einem Teller abkühlen lassen.

2 _ Gurke waschen, trocknen und streifig schälen. Karotten putzen. Beides halbieren und mit dem Sparschäler in dünne Streifen schälen. Mango schälen, das Fruchtfleisch vom Stein schneiden und in Würfel schneiden. Frühlingszwiebeln waschen, die äußeren Blätter entfernen und die Zwiebeln in schräge Ringe schneiden.

3 _ Ingwer fein reiben. Alle Zutaten für das Dressing in ein Glas mit Schraubverschluss füllen, den Deckel zuschrauben und kräftig schütteln, bis die Sauce sich vermischt hat. Mit dem Agavendicksaft süßen. Sauce mit dem Gemüse und den Nudeln mischen und den Salat mit den Erdnüssen bestreuen.

ZUTATEN

FÜR DEN SALAT

200 g Glasnudeln ◆ 80 g Erdnüsse ◆ ½ Gurke (ca. 250 g) ◆ 200 g Karotten ◆ ½ Mango (ca. 200 g) ◆ 4 Frühlingszwiebeln

FÜR DAS DRESSING

15 g Ingwer ◆ Saft von 2 Limetten ◆ 3 EL Leinöl ◆ 2 EL Sojasauce ◆ einige Tropfen geröstetes Sesamöl ◆ Agavendicksaft

QUINOASALAT MIT CREMIGEM HIMBEER-DRESSING

FÜR 4 PORTIONEN

ZUBEREITUNG

1_ Quinoa in einem Sieb waschen und nach Packungsanweisung bissfest kochen. Anschließend abgießen und abkühlen lassen.

2_ Avocado halbieren, den Stein entfernen, das Fruchtfleisch herauslösen und grob würfeln. Himbeeren verlesen. Zwiebel schälen, halbieren und in dünne Scheiben schneiden. Sonnenblumenkerne in einer Pfanne ohne Fett unter Rühren rösten, bis sie anfangen zu duften, und sofort auf einem flachen Teller abkühlen lassen.

3_ Für das Dressing Himbeeren verlesen, Seidentofu grob würfeln und mit dem Orangensaft in einem hohen Gefäß mit einem Pürierstab cremig mixen. Mit Salz und Pfeffer kräftig würzen.

4_ Alle Zutaten für den Salat mischen und das Dressing unterrühren.

ZUTATEN

FÜR DEN SALAT
200 g bunter Quinoa • 1 Avocado •
125 g Himbeeren • 1 rote Zwiebel
(ca. 60 g) • 50 g Sonnenblumenkerne

FÜR DAS DRESSING
125 g Himbeeren • 200 g Seidentofu •
Saft von 1 Orange • Salz • Pfeffer

ZUBEREITUNGSZEIT 30 MINUTEN ZZGL. KOCHZEIT

SOBANUDELSALAT MIT JAPANISCHEM DRESSING

FÜR 6 PORTIONEN

ZUBEREITUNG

1_ Ingwer abtropfen lassen und in feine Würfel schneiden. Alle Zutaten für das Dressing in ein Glas mit Schraubverschluss füllen, den Deckel zuschrauben und kräftig schütteln, bis die Sauce sich vermischt hat.

2_ Sobanudeln nach Packungsanweisung in reichlich kochendem Salzwasser bissfest garen, abgießen, abtropfen lassen und direkt mit dem Dressing mischen.

3_ Zuckererbsenschoten waschen, trocknen und längs in Streifen schneiden. Karotten putzen und in schräge Scheiben schneiden. Vom Salat die äußeren Blätter entfernen, die restlichen Blätter vom Strunk zupfen, gründlich waschen und trocken schleudern. Anschließend in mundgerechte Stücke zupfen.

4_ Sesam in einer Pfanne ohne Fett unter Rühren rösten, bis er anfängt zu duften. Sofort auf einem flachen Teller abkühlen lassen.

5_ Zuckererbsenschoten, Karotten und Salat mit den Sobanudeln mischen. Seidentofu in Würfel schneiden und zusammen mit dem Sesam vorsichtig unterheben.

ZUTATEN

FÜR DAS DRESSING

70 g eingelegter Ingwer ◆ Saft von 2 Zitronen ◆ 6–7 EL Agavendicksaft ◆ 4 EL Sojasauce ◆ 4 EL Hanföl ◆ 2–3 Tropfen geröstetes Sesamöl

---

FÜR DEN SALAT

200 g Sobanudeln (Buchweizennudeln, im Asiaregal) ◆ 150 g Zuckererbsenschoten ◆ 150 g Karotten ◆ ½ Lollo Rosso ◆ 60 g Sesamsaat ◆ 200 g Seidentofu ◆ Salz

SOMMERROLLEN MIT MANGO

FÜR 14–18 ROLLEN

ZUBEREITUNG

1_ Karotte putzen, halbieren und in dünne Stifte schneiden. Gurke waschen, ebenfalls halbieren und stifteln. Mango schälen, das Fruchtfleisch vom Stein schneiden und in Stifte der gleichen Länge schneiden. Minze waschen, trocknen und die Blätter abzupfen. Sesam in einer Pfanne ohne Fett unter Rühren rösten, bis er anfängt zu duften. Sofort auf einem flachen Teller abkühlen lassen.

2_ Einen großen Teller mit Wasser benetzen, jeweils ein Reispapier darin ca. 1 Minute einweichen. Reispapier auf ein Küchentuch legen. Mittig mit jeweils drei bis vier Stiften Mango, Gurke und Karotte belegen, mit zwei Minzblättern und etwas Sesam bestreuen. Die untere Hälfte des Blattes über die Füllung legen, die Seiten einschlagen und vom unteren Ende straff einrollen. Mit den restlichen Zutaten wiederholen.

ZUTATEN

100 g Karotte ◆ ½ Salatgurke ◆
1 Mango (ca. 450 g) ◆
7 Minzstängel ◆ 120 g Sesamsaat ◆
14–18 Stück Reispapier (ø 22 cm)

———

Sojasauce oder Sweet-Chili-Sauce
(s. S. 105) zum Dippen

25

ZUBEREITUNGSZEIT 50 MINUTEN

BUNTER WILDKRÄUTER-SALAT MIT BLÜTEN & WALNUSS-SCHALOTTEN-DRESSING

FÜR 6 PORTIONEN

ZUBEREITUNG

1＿ Schalotten schälen und fein würfeln. Walnüsse grob hacken und in einer Pfanne ohne Fett unter Rühren rösten, bis sie anfangen zu duften. Sofort auf einem Teller abkühlen lassen. Alle Zutaten für das Dressing in ein Glas mit Schraubverschluss füllen, den Deckel zuschrauben und kräftig schütteln, bis sich die Sauce vermischt hat.

2＿ Wildkräuter waschen und trocken schleudern. Vom Eichblattsalat die äußeren Blätter entfernen, die restlichen Blätter vom Strunk zupfen, gründlich waschen und trocken schleudern. Anschließend in mundgerechte Stücke zupfen.

3＿ Kresse mit einer Schere vom Beet schneiden. Sprossen waschen und trocknen. Alle Zutaten für den Salat mischen und mit dem Dressing verrühren. Salat mit den Blüten garniert servieren.

ZUTATEN

FÜR DAS DRESSING

2 Schalotten ◆ 100 g Walnüsse ◆
Saft von 1 Zitrone ◆ 6 EL Hanföl ◆
3 EL Walnussöl ◆ 1–2 TL süßer Senf ◆
Salz ◆ Pfeffer

FÜR DEN SALAT

200 g gemischte Wildkräuter (z. B. Löwenzahn, Brunnenkresse, Gänseblümchen, Kapuzinerkresse, Sauerampfer) ◆
½ Eichblattsalat ◆ 1 Schälchen Kresse ◆
80 g Sprossen nach Wahl (z. B. Erbsensprossen) ◆ 16 essbare Blüten (z. B. Borretsch, Kapuzinerkresse, Ringelblume, Malve)

🔥 **ZUBEREITUNGSZEIT 25 MINUTEN**

LOS G
GEGR
KLEINIG

EHT'S:
ILLTE
KEITEN

DREIERLEI CROSTINI

FÜR JE 8 CROSTINI

ZUBEREITUNG

1 Erbsen in reichlich kochendem Salzwasser etwa 4–5 Minuten kochen, abgießen und in kaltem Wasser abschrecken. Minze waschen und die Blättchen abzupfen. Frühlingszwiebel waschen, die äußeren Blätter entfernen und das Hellgrüne der Zwiebel grob in Ringe schneiden. Alle Zutaten für die Erbsencreme mit einem Pürierstab fein mixen, mit Salz und Pfeffer abschmecken und kühl stellen.

2 Wassermelone von der Schale schneiden und fein würfeln. Tomaten waschen, den Stielansatz herausschneiden und achteln. Zwiebel schälen und ebenfalls fein würfeln. Basilikum und Oregano waschen, trocknen, die Blättchen abzupfen und fein schneiden. Alle Zutaten mischen und mit Salz, Pfeffer und Zucker würzen.

3 Aubergine waschen, trocknen und in vier ca. 1 cm dicke Scheiben schneiden. Diese nochmals halbieren.

4 Brotscheiben dünn mit Öl bestreichen und auf dem heißen Grillrost ca. 1–2 Minuten knusprig rösten. Auberginenscheiben ebenfalls mit Öl bestreichen und 1 Minute pro Seite auf dem Rost grillen. Mit Salz und Pfeffer würzen. Zum Servieren acht Brotscheiben mit Hummus bestreichen, je eine Scheibe Aubergine darauflegen, mit einem Korianderblatt garnieren. Jetzt acht Brotscheiben mit dem Wassermelonensalat belegen, überschüssige Flüssigkeit vorher abgießen und die Crostini mit Basilikumblättern garnieren. Die restlichen acht Scheiben mit der Erbsencreme bestreichen und mit den Minzblättern garnieren. Am besten sofort genießen.

ZUTATEN

**FÜR DAS
ERBSENCREME-CROSTINI**

240 g Erbsen, schon gepalt oder TK ◆
2 Minzstängel zzgl. 8 schöne Blätter
zum Garnieren ◆ 1 dünne Frühlingszwiebel ◆ Saft von ½ Zitrone ◆
4 EL Olivenöl ◆ Salz ◆ Pfeffer

**FÜR DAS
WASSERMELONEN-CROSTINI**

300 g Wassermelone ◆ 160 g Kirschtomaten ◆ 40 g rote Zwiebel ◆
4 Basilikumstängel zzgl. 4 schöne
Blättchen zum Garnieren ◆
2 Oreganostängel ◆ 4 EL Olivenöl ◆
2 EL Balsamico ◆ Rohrohrzucker ◆
Salz ◆ Pfeffer

**FÜR DAS
HUMMUS-AUBERGINEN-CROSTINI**

180 g Aubergine ◆ 240 g Hummus (s. S. 99
oder gekauft) ◆ 8 schöne Korianderblätter
zum Garnieren

2 große Baguettes, in 24 Scheiben
geschnitten ◆ Olivenöl zum Bestreichen

GEGRILLTER KARTOFFELSALAT

FÜR 6 PORTIONEN

ZUBEREITUNG

1 Kartoffeln waschen und in einem Topf mit Wasser bedecken, etwas Salz hinzugeben. Aufkochen lassen, Hitze reduzieren und ca. 20 Minuten gar kochen lassen. In der Zwischenzeit grüne Bohnen und Spargel waschen. Von den Bohnen die Enden abschneiden. Vom Spargel ebenfalls die Enden abschneiden und das untere Drittel der Stangen schälen. Spargel schräg dritteln. Kartoffeln nach der Garzeit aus dem Wasser nehmen und abkühlen lassen. Wasser nochmals aufkochen und Bohnen darin ca. 15 Minuten kochen lassen, aus dem Wasser nehmen und in kaltem Wasser abschrecken. Spargel ca. 4 Minuten kochen, abgießen und in kaltem Wasser abschrecken.

2 Für das Dressing eine Zitrone heiß waschen, trocknen und die Schale fein abreiben. Von allen Zitronen den Saft auspressen. Kräuter waschen und trocknen. Dillblättchen abzupfen, vom Schnittlauch die unteren Enden der Stiele abschneiden. Dill und Petersilie fein schneiden. Schnittlauch in feine Röllchen schneiden. Alles mit der Mayonnaise mischen und mit Salz und Pfeffer kräftig abschmecken.

3 Kartoffeln pellen und in ca. sechs Spalten schneiden. Kartoffelspalten dünn mit Öl bepinseln und auf den heißen Rost legen. In ca. 3 Minuten rundherum knusprig grillen. Alle Zutaten für den Salat mit dem Dressing mischen und am besten sofort genießen, dann sind die Kartoffeln noch schön knusprig.

ZUTATEN

FÜR DEN SALAT

1 kg festkochende Kartoffeln ◆
200 g grüne Bohnen ◆ 250 g grüner
Spargel ◆ Salz

FÜR DAS DRESSING

1 ½ unbehandelte Zitronen ◆
4 Dillstängel ◆ ½ Bund Schnittlauch ◆
3 Petersilienstängel ◆ 150 g vegane
Mayonnaise (s. S. 107 oder gekauft) ◆
Pfeffer

Pflanzenöl zum Bestreichen

ZUBEREITUNGSZEIT 45 MINUTEN ZZGL. GRILLZEIT

LINSENSALAT MIT GEGRILLTER PAPRIKA UND GRANATAPFELDRESSING

FÜR 6–8 PORTIONEN

ZUBEREITUNG

1_ Linsen in reichlich Wasser nach Packungsanweisung bissfest garen. Kein Salz ins Wasser geben, sonst werden die Linsen nicht weich. Linsen abgießen und abkühlen lassen. Inzwischen die Zwiebel schälen und fein würfeln. Granatapfel mit den Händen aufbrechen und die Kerne herauslösen. Minze und Koriander waschen, trocknen, von der Minze die Blätter abzupfen, vom Koriander nur die unteren Stielenden abschneiden. Kräuter grob schneiden.

2_ Für das Dressing Zitronen- und Orangensaft, Öl und Essig in ein großes Glas mit Schraubverschluss füllen, den Deckel zuschrauben und kräftig schütteln, bis sich die Sauce vermischt hat. Mit Salz und Pfeffer kräftig abschmecken und die Zwiebeln dazugeben. Sauce mit Linsen mischen.

3_ Kurz vor dem Servieren die Paprika waschen und trocknen. Wer einen Holzkohlegrill hat, legt die Paprika unter Wenden so lange in die Glut, bis die Schale schwarz ist. Bei Elektro- oder Gasgrills einfach auf den Rost legen und mehrmals wenden. Anschließend in eine Schüssel geben und mit einem feuchten Tuch abdecken. 10 Minuten ausdampfen lassen. Mit einem Messer die Haut abziehen, Paprika entkernen und in Streifen schneiden. Alle restlichen Zutaten und die Paprika mit dem Salat vermischen.

ZUTATEN

200 g kleine, feste Linsen (z. B. Berglinsen) ◆ 40 g rote Zwiebel ◆ ½ Granatapfel ◆ ½ Bund Minze ◆ ½ Bund Koriander ◆ Saft von ½ Zitrone ◆ Saft von ½ Orange ◆ 4 EL Leinöl ◆ 3 EL cremiger Granatapfelessig ◆ 2 rote Paprika ◆ Salz ◆ Pfeffer

35

ZUBEREITUNGSZEIT 40 MINUTEN ZZGL. GRILLZEIT

TOMATENSALAT MIT GEGRILLTER WASSERMELONE

FÜR 4–6 PORTIONEN

ZUBEREITUNG

1_ Tomaten waschen, den Stielansatz entfernen und die Tomaten in unterschiedliche Stücke schneiden und in eine Schüssel geben. Wassermelone von der Schale schneiden und in große Stücke schneiden. Zwiebel schälen, halbieren und in Scheiben schneiden. Zitrone heiß waschen, trocknen, 1 TL Schale fein abreiben und den Saft auspressen.

2_ Minze waschen, trocknen, die Blättchen abzupfen und grob schneiden. Olivenöl, 3 EL Zitronensaft und Ahornsirup in ein Glas mit Schraubverschluss füllen, den Deckel zuschrauben und kräftig schütteln, bis die Sauce sich vermischt hat. Mit Salz und Pfeffer kräftig würzen.

3_ Kurz vor dem Servieren die Wassermelone auf dem Grillrost von jeder Seite ca. 1–2 Minuten grillen. Alle Zutaten zu den Tomaten geben und mit der Sauce mischen.

ZUTATEN

600 g gemischte Tomaten ♦
400 g Wassermelone ♦ 1 rote Zwiebel ♦
1 Zitrone ♦ ½ Bund Minze ♦
5 EL Olivenöl ♦ 1 EL Ahornsirup ♦
Salz ♦ Pfeffer

37

GEGRILLTE KAROTTEN MIT HASELNUSS-BASILIKUM-BRÖSELN

FÜR 4 PORTIONEN

ZUBEREITUNG

1_ Basilikum waschen, trocknen und die Blättchen abzupfen. Basilikum, Haselnüsse, Olivenöl, Zimt und Zitronensaft in einer Küchenmaschine mit Hackeinsatz zu feinen Bröseln mischen. Alternativ die Haselnüsse mit dem Basilikum in einem Mörser zermahlen und mit den restlichen Zutaten mischen. Mit dem Chilipulver abschmecken.

2_ Karotten putzen und vierteln. Ein Gefäß zum indirekten Grillen auf den Grill stellen. Hier eignet sich z. B. eine gusseiserne Pfanne oder Schalen aus Edelstahl. Die Karotten rundherum mit dem Öl bestreichen, nebeneinander in das Gefäß legen und mit Wasser bedecken. Sobald das Wasser verkocht ist, die Karotten eventuell nochmals mit etwas Öl bestreichen und unter Wenden knusprig grillen. Dies dauert insgesamt etwa 7–8 Minuten, ab dem Moment, in dem das Wasser zu kochen beginnt.

3_ Karotten in eine Schüssel geben, mit Salz und Pfeffer würzen und mit den Bröseln bestreuen.

ZUTATEN

⅓ Topf Basilikum ◆ 80 g Haselnüsse ◆ 2 EL Olivenöl ◆ ½ TL Zimtpulver ◆ 2 EL Zitronensaft ◆ 400 g Karotten im Bund ◆ Salz ◆ Pfeffer ◆ Chilipulver

Pflanzenöl zum Grillen

39

GEGRILLTE GEMÜSETÜRMCHEN

FÜR 4 TÜRMCHEN

ZUBEREITUNG

1 _ Gemüse waschen und trocknen. Aus den großen Tomaten den Strunk herausschneiden, von der Auberginen und der Zucchini die Enden abschneiden. Gemüse jeweils in acht ca. 1 cm dicke Scheiben schneiden.

2 _ Gemüsescheiben dünn mit Öl bestreichen und pro Seite etwa 2 Minuten grillen, die kleinen Tomaten im Ganzen grillen. Scheiben salzen und pfeffern.

3 _ Für ein Türmchen mit einer Auberginenscheibe beginnen, darauf kommen eine Zucchinischeibe und eine Tomatenscheibe, zwischen jede Lage ein Basilikumblatt legen. Das Ganze nochmals wiederholen und mit einem Basilikumblatt abschließen.

ZUTATEN

1 große Aubergine (ca. 300 g) ♦
1 große Zucchini (ca. 250 g) ♦
2 große Tomaten (à 120–140 g) ♦
4 kleine Tomaten ♦ 20 kleine
Basilikumblätter ♦ Salz ♦ Pfeffer

——

Olivenöl zum Bestreichen

41

ZUBEREITUNGSZEIT 25 MINUTEN ZZGL. GRILLZEIT

GEGRILLTER BROTSALAT MIT MEDITERRANEM GEMÜSE

FÜR 6 PORTIONEN

ZUBEREITUNG

1 – Ciabatta in dicke Scheiben schneiden, diese halbieren. Aubergine, Zucchini, Tomaten und Fenchel waschen. Aubergine und Zucchini in mundgerechte Stücke schneiden. Aus den Tomaten den Stielansatz entfernen, Fenchel vierteln, den Strunk herausschneiden und beides ebenfalls in Stücke schneiden.

2 – Knoblauch und Zwiebel schälen. Zwiebel halbieren, dann beides in Scheiben schneiden. Basilikum waschen und die Blättchen abzupfen. Fenchelsaat in einer Pfanne ohne Fett unter Rühren rösten, bis sie anfängt zu duften. Sofort in einen Mörser geben und fein zermahlen. Olivenöl und Basilikum mit der Fenchelsaat in ein hohes Gefäß füllen. Mit einem Pürierstab fein mixen, den Zitronensaft langsam einlaufen lassen, bis sich alles vermischt hat. Mit Salz und Pfeffer kräftig würzen.

3 – Eine Pfanne, eine Grillplatte oder einen Grillkorb auf den heißen Grillrost zum indirekten Grillen stellen. Die Pfanne bzw. die Grillplatte mit reichlich Öl bestreichen und das Gemüse darin unter Rühren in 5–8 Minuten grillen. Es sollte noch bissfest sein. Wird ein Grillkorb benutzt, das Gemüse vorher mit Öl mischen.

4 – Währenddessen die Brotscheiben dünn mit Öl bestreichen und auf dem Grillrost neben der Pfanne in 1–2 Minuten knusprig grillen. In einer großen Schale das Gemüse mit dem Brot mischen, die Oliven dazugeben und mit der Sauce marinieren. Am besten gleich genießen, damit das Brot nicht zu weich wird.

ZUTATEN

400 g Ciabatta ◆ 300 g Aubergine ◆ 250 g Zucchini ◆ 150 g gemischte Tomaten ◆ 200 g Fenchel ◆ 2 Knoblauchzehen ◆ 120 g Zwiebel ◆ ½ Topf Basilikum ◆ 1 TL Fenchelsaat ◆ 6 EL Olivenöl ◆ Saft von ½ Zitrone ◆ 75 g schwarze Oliven, abgetropft ◆ Salz ◆ Pfeffer

Olivenöl zum Bestreichen

43

GEGRILLTES KRÄUTER-BAGUETTE MIT TOMATEN-PFEFFER-»BUTTER«

FÜR 1 BAGUETTE

ZUBEREITUNG

1_ Tomaten aus dem Öl nehmen, etwas abtupfen und sehr fein schneiden. Pfefferkörner in einem Mörser zerstoßen. Zitrone heiß waschen, trocknen und 1 TL Schale fein abreiben.

2_ Knoblauchzehe schälen und sehr fein würfeln. Etwas Salz zum Knoblauch geben und mit dem Messerrücken zu einer feinen Paste zerreiben. Basilikum waschen, trocknen, die Blättchen abzupfen und fein schneiden. Mit einer Gabel alles mit der Pflanzenmargarine gut vermischen.

3_ Kurz vor dem Grillen das Baguette in Abständen von ca. 2 cm etwa bis zur Hälfte einschneiden. Die Margarine in die Schnittstellen füllen und das Baguette mit der verschlossenen Unterseite auf den Grillrost legen. In 4–6 Minuten knusprig grillen.

ZUTATEN

50 g getrocknete Tomaten in Öl ◆ 10 g Pfefferkörner ◆ 1 unbehandelte Zitrone ◆ 1 kleine Knoblauchzehe ◆ 3 Basilikumstängel ◆ 150 g Pflanzenmargarine ◆ 1 Baguette ◆ Salz

45

JETZT
ERN
HAUPTG

WIRD'S
ST:
ERICHTE

BLUMENKOHLSTEAKS MIT ERBSENPESTO

FÜR 4 PORTIONEN

ZUBEREITUNG

1 _ Für das Pesto in einem Topf Wasser mit etwas Salz aufkochen und die Erbsen darin ca. 4 Minuten kochen lassen. Erbsen abgießen und in kaltem Wasser abschrecken. Cashewkerne grob hacken und in einer Pfanne ohne Fett unter Rühren rösten, bis sie anfangen zu duften. Sofort auf einem flachen Teller abkühlen lassen.

2 _ Erbsen, Cashewkerne und Öl in einer Küchenmaschine mit Hackeinsatz, einem Pürierstab oder Mörser fein zermahlen.

3 _ Blumenkohl von den Blättern befreien, waschen und trocknen. Das untere Ende des Strunks entfernen. Vom Strunk ausgehend vier Steaks aus dem Blumenkohl schneiden. Die Steaks dünn mit Öl bestreichen. Eine gusseiserne Pfanne oder eine Grillplatte zum indirekten Grillen auf den Grillrost stellen und die Steaks in 6–8 Minuten unter Wenden grillen. Zum Schluss nochmal von jeder Seite kurz auf den heißen Grillrost legen.

4 _ Steaks auf Tellern anrichten, mit Salz und Pfeffer würzen und das Pesto dazu reichen.

ZUTATEN

150 g Erbsen, schon gepalt oder TK ◆
40 g Cashewkerne ◆ Saft von ½ Zitrone ◆
3 EL Leinöl ◆ 1 Blumenkohl (1–1,2 kg) ◆
Salz ◆ Pfeffer

— — —

Pflanzenöl zum Bepinseln

49

🔥 **ZUBEREITUNGSZEIT 30 MINUTEN ZZGL. GRILLZEIT**

SOLL ES SCHNELL GEHEN: DIE KICHER-ERBSEN IM WAS-SER AUFKOCHEN, ANSCHLIESSEND REICHEN 2 STUNDEN EINWEICHZEIT.

FALAFEL IM BROT

FÜR 4–6 PITATASCHEN

ZUBEREITUNG

1 — Kichererbsen ca. 12 Stunden in reichlich Wasser einweichen lassen. Zwiebel schälen und grob würfeln. Knoblauchzehen schälen. Petersilie waschen, trocknen und die unteren Enden der Stiele abschneiden. Minze ebenfalls waschen, trocknen und die Blättchen abzupfen. Minze und Petersilie grob schneiden. Koriander und Kreuzkümmel in einer Pfanne ohne Öl rösten, bis sie anfangen zu duften. In einen Mörser füllen und fein zerstoßen.

2 — Kichererbsen abgießen, kalt abspülen und abtropfen lassen. Alle Zutaten für die Falafel in einer Küchenmaschine mit Hackeinsatz oder in Etappen mit dem Pürierstab zu einer feinen Masse pürieren. 16 sehr flache Buletten daraus formen und kalt stellen.

3 — Tomaten waschen und in 16 Scheiben schneiden. Vom Salat die äußeren Blätter entfernen, den Salat halbieren, den Strunk herausschneiden und die Blätter in zwei bis drei Teile schneiden. Salat waschen und trocken schleudern. Brote auf-, aber nicht durchschneiden.

4 — Eine gusseiserne Pfanne oder eine Grillplatte zum indirekten Grillen auf den Grillrost stellen. Die Falafel dünn mit Öl bestreichen und bei nicht zu starker Hitze unter mehrmaligem Wenden in 4–5 Minuten goldbraun grillen. Brote in der Zwischenzeit kurz auf den Grillrost legen. Anschließend etwas Humus hineinstreichen, Salat, einige Falafel und Tomatenscheiben darauflegen. Etwas zusammendrücken und warm genießen.

ZUTATEN

FÜR DIE FALAFEL

250 g Kichererbsen ◆ 80 g Zwiebel ◆
2 Knoblauchzehen ◆ 1 Bund Petersilie ◆
5 Minzstängel ◆ 2 TL Koriandersaat ◆
2 TL Kreuzkümmelsaat ◆ 60 g Paniermehl ◆
Salz ◆ Pfeffer

FÜR DIE TASCHEN

3–4 mittelgroße Tomaten ◆
1 Romanasalatherz ◆ 5 Pitabrote (s. S. 61
oder fertig gekauft) ◆ 500 g Hummus
(s. S. 99 oder fertig gekauft)

Pflanzenöl zum Bestreichen

51

ZUBEREITUNGSZEIT 35 MINUTEN ZZGL. EINWEICH- UND GRILLZEIT

EAT ME!
HOT!

VEGANE BURGER

FÜR 8 BURGER

ZUBEREITUNG

1 _ Quinoa in einem Sieb waschen und in 250 ml leicht gesalzenem Wasser aufkochen. Die Hitze reduzieren und bei geschlossenem Deckel 10 Minuten kochen lassen. Deckel abnehmen und den Quinoa ausdampfen und abkühlen lassen.

2 _ Schalotten schälen und fein würfeln. Maiskolben quer halbieren, auf die Schnittfläche stellen und mit einem Messer von oben die Maiskörner herunterschneiden. Paprika waschen, entkernen und in feine Würfel schneiden. Cannellini-Bohnen abgießen, waschen und abtropfen lassen. Mit einem Pürierstab drei Viertel der Bohnen zu einem Püree verarbeiten. Alle Zutaten für die Buletten vermischen, kräftig mit Salz und Pfeffer würzen und mit feuchten Händen acht Buletten formen. Diese für mindestens 1 Stunde kalt stellen.

3 _ Ananas großzügig schälen, in ca. 1,5 cm dicke Scheiben schneiden, halbieren und den Strunk entfernen. Avocado halbieren, den Stein entfernen, das Fruchtfleisch herauslösen und in ca. 0,5 cm dicke Scheiben schneiden. Rucola waschen, die unteren Enden abschneiden und den Salat trocken schleudern.

4 _ Eine gusseiserne Pfanne oder eine Grillplatte zum indirekten Grillen auf den Grillrost stellen. Die Buletten dünn mit Öl bestreichen und unter mehrmaligem Wenden bei nicht zu starker Hitze 6–8 Minuten grillen. Ananas ebenfalls dünn mit Öl bestreichen und von jeder Seite etwa 1 Minute auf den Grillrost legen.

5 _ Burgerbrötchen kurz auf dem Rost erwärmen. Auf die eine Seite des Burgers Mayonnaise, auf die andere Ketchup streichen. Den Rucola auf die Unterseite legen, die Bulette darauf, mit Ananas und Avocado belegen und mit dem Deckel des Brötchens abschließen.

🔥 ZUBEREITUNGSZEIT 50 MINUTEN ZZGL. KÜHL- & GRILLZEIT

ZUTATEN

FÜR DIE BULETTEN

100 g bunter Quinoa ◆ 2 Schalotten ◆
1 vorgekochter Maiskolben (ca. 250 g) ◆
1 rote Paprika ◆ 1 Dose Cannellini-
Bohnen (Abtropfgewicht 240 g) ◆
1 TL geräuchertes Paprikapulver ◆
4 EL Dinkelmehl ◆ 2 EL Paniermehl ◆
Salz ◆ Pfeffer

FÜR DIE BURGER

400 g Ananas ◆ 1 Avocado ◆
120 g Rucola ◆ 8 Burgerbrötchen ◆
Ketchup (s. S. 87 BBQ-Ketchup
oder gekauft) ◆ vegane Mayonnaise
(s. S. 107 oder gekauft)

Pflanzenöl zum Bestreichen

VEGANER HOTDOG MIT GURKENRELISH

FÜR 6 PORTIONEN

ZUBEREITUNG

1_ Gurke in grobe Stücke zerteilen, Zwiebel schälen. Beides in einem Blitzhacker oder mit dem Messer fein hacken und mit Salz und Zucker mischen. 1 Stunde abgedeckt ziehen lassen. Eventuell ausgetretenes Wasser abgießen.

2_ In einem kleinen Topf alle Zutaten für das Relish, bis auf den Dill, mischen, aufkochen und abgedeckt bei kleiner Hitze 10 Minuten köcheln lassen. Fertiges Relish kalt stellen. Dill waschen, trocknen, die Blättchen abzupfen und unter das abgekühlte Relish mischen.

3_ Grillwürste auf dem heißen Rost rundherum knusprig grillen. Etwas Ketchup auf den Brötchen verteilen, je eine Grillwurst daraufgeben und mit Relish toppen.

ZUTATEN

FÜR DAS RELISH

130 g kleine Salatgurke ◆ 40 g Zwiebel ◆ 1 TL Salz ◆ 1 EL Rohrohrzucker ◆ 2 TL Senfsaat ◆ ½ TL Kurkuma ◆ 3–4 Dillstängel

---

FÜR DEN HOTDOG

6 vegane Grillwürste ◆ 6 Hotdog-Brötchen ◆ Ketchup (s. S. 87 BBQ-Ketchup oder gekauft)

55

SOFORT
WARM
ESSEN!

GEGRILLTES SANDWICH MIT ROTER BETE

FÜR 4 SANDWICHES

ZUBEREITUNG

1 Die Rote Bete in Scheiben schneiden. Rosmarin waschen, trocknen, die Nadeln von den Stielen zupfen und fein schneiden. Löwenzahn oder Rucola waschen, trocken schleudern und die unteren Enden abschneiden. Pinienkerne in einer Pfanne ohne Fett unter Rühren rösten, bis sie anfangen zu duften. Sofort auf einem Teller auskühlen lassen. Zitrone heiß waschen, trocknen und die Schale fein abreiben.

2 Rote Bete, Rosmarin, Pinienkerne und Zitronenschale mischen, mit Salz und Pfeffer würzen. Etwas Käse auf einer Scheibe Brot verteilen, mit der Rote-Bete-Mischung und Löwenzahn oder Rucola belegen, wieder etwas Käse darauf verteilen, mit einer weiteren Brotscheibe abschließen und fest andrücken. Die Brotscheiben dünn mit Öl bestreichen.

3 Eine gusseiserne Pfanne oder eine Grillplatte zum indirekten Grillen auf den nicht zu heißen Grillrost legen. Die Sandwiches darin unter Wenden 2–4 Minuten knusprig grillen.

ZUTATEN

FÜR 4 SANDWICHES

300 g vorgekochte Rote Bete ◆
1–2 Rosmarinzweige ◆ 40 g Löwenzahn oder Rucola ◆ 40 g Pinienkerne ◆
½ unbehandelte Zitrone ◆ 150 g veganer Schmelz- bzw. Pizzakäse ◆ 8 Scheiben Sauerteigbrot ◆ Salz ◆ Pfeffer

Pflanzenöl zum Bestreichen

57

ZUBEREITUNGSZEIT 30 MINUTEN ZZGL. GRILLZEIT

GEGRILLTE PIZZA MIT ZUCCHINI

FÜR 6 PIZZEN

ZUBEREITUNG

1_ Hefe in 300 ml lauwarmem Wasser auflösen. Alle Zutaten für den Teig in eine Schüssel geben und zu einem glatten Teig kneten. Ist der Teig klebrig, noch etwas Mehl dazugeben, ist er zu fest, etwas Wasser. Teig auf einer mit Mehl bestäubten Arbeitsfläche 10 Minuten durchkneten. Zurück in die Schüssel geben, mit einem feuchten Tuch abdecken und 1 Stunde an einem warmen Ort gehen lassen.

2_ In der Zwischenzeit Zucchini waschen und in 0,5 cm dicke Scheiben schneiden. Knoblauch schälen und durch eine Presse in die passierten Tomaten drücken. Kräuter dazugeben und kräftig mit Salz und Pfeffer abschmecken.

3_ Zum Ende der Gehzeit Zucchinischeiben dünn mit Öl bestreichen und pro Seite 1–2 Minuten auf den heißen Grillrost legen. Beiseitestellen. Hefeteig in sechs Portionen teilen. Jede nochmals durchkneten und zu einer Kugel formen. Jeweils eine Kugel länglich und sehr dünn ausrollen, anschließend dünn mit Öl bestreichen. Pizzateig auf den Grillrost legen und etwa 4 Minuten grillen, dann wenden, mit der Tomatensauce bestreichen und mit den Zucchini belegen. In weiterer 4 Minuten zu Ende grillen.

ZUTATEN

FÜR DEN HEFETEIG

1 Würfel Hefe ◆ 600 g Mehl zzgl. etwas zum Ausrollen ◆ 1 TL Salz ◆ 2 EL Olivenöl

FÜR DEN BELAG

800 g Zucchini ◆ 3 Knoblauchzehen ◆ 500 g passierte Tomaten ◆ 3 TL getrockneter Thymian ◆ 3 TL getrockneter Oregano ◆ Salz ◆ Pfeffer

Pflanzenöl zum Bestreichen

59

GEGRILLTES PITABROT

FÜR 5 BROTE

ZUBEREITUNG

1_ Hefe in 100 ml lauwarmem Wasser auflösen. Alle Zutaten in eine Schüssel geben und zu einem glatten Teig kneten. Ist der Teig klebrig, noch etwas Mehl dazugeben, ist er zu fest, etwas Wasser. Teig auf die Arbeitsfläche geben und auf etwas Mehl 10 Minuten durchkneten. Zurück in die Schüssel geben, mit einem feuchten Tuch abdecken und 1 Stunde an einem warmen Ort gehen lassen.

2_ Hefeteig in fünf Portionen teilen. Jede nochmals durchkneten und zu einer Kugel formen. Jeweils eine Kugel etwas länglich und dünn ausrollen, anschließend dünn mit Öl bestreichen. Unter mehrmaligem Wenden die Pitabrote ca. 7 Minuten grillen. Man kann sie jetzt aufschneiden und mit Salat füllen oder mit Falafel, wie auf *Seite 53*. Sie schmecken aber auch mit Dips, zum Beispiel Chimichurri auf *Seite 93* oder Muhammara auf *Seite 103*.

ZUTATEN

1 TL Trockenhefe ◆ 250 g Mehl zzgl. etwas zum Ausrollen und Bearbeiten ◆ 90 g Weizenvollkornmehl ◆ 1 TL Salz ◆ 1 EL Olivenöl

——

Pflanzenöl zum Bestreichen

GEGRILLTE POLENTASCHNITTEN

FÜR 4 PORTIONEN

ZUBEREITUNG

1. Rosmarin waschen, die Nadeln abzupfen und fein schneiden. Tomaten aus dem Öl nehmen, etwas abtupfen und ebenfalls fein schneiden. Gemüsebrühe und Hafermilch aufkochen. Topf vom Herd ziehen und Polenta mit einem Schneebesen einrühren. Rosmarin und Tomaten zugeben. Topf zurück auf den Herd stellen und bei kleiner Hitze und ständigem Rühren 5 Minuten kochen lassen. Vorsicht, die Polenta ist sehr heiß und kann spritzen. Orangenschale unterrühren und mit Salz und Pfeffer abschmecken.

2. Eine Auflaufform mit Öl einfetten und die Polenta darin glatt streichen. Mindestens 3–4 Stunden abgedeckt kühl stellen oder bis die Polenta schnittfest ist.

3. Vor dem Grillen die Polenta aus der Form stürzen und in ca. 1,5–2 cm dicke Scheiben schneiden. Scheiben dünn mit Öl bestreichen und auf dem Grillrost auf jeder Seite ungefähr 3 Minuten knusprig grillen.

ZUTATEN

1 Rosmarinzweig • 50 g getrocknete Tomaten in Öl • 250 ml Gemüsebrühe • 250 ml Hafermilch • 125 g Polenta (Maisgrieß) • 1 TL Orangenschale • Salz • Pfeffer

---

Pflanzenöl zum Einfetten und Bestreichen

63

🔥 **ZUBEREITUNGSZEIT 25 MINUTEN ZZGL. ABKÜHLZEIT**

QUESADILLAS MIT TOMATEN-APRIKOSEN-FÜLLUNG

FÜR 4 QUESADILLAS

ZUBEREITUNG

1 _ Tomaten und Aprikosen waschen. Aus den Tomaten die Stielansätze herausschneiden und Tomaten fein würfeln. Aprikosen halbieren, den Stein entfernen und das Fruchtfleisch ebenfalls fein würfeln. Avocado halbieren, den Stein entfernen, das Fruchtfleisch herauslösen und fein würfeln. Die drei Zutaten mischen.

2 _ Basilikum und Oregano waschen, trocknen, die Blättchen abzupfen und fein schneiden. Kräuter mit dem Sojajoghurt mischen und mit Salz und Pfeffer kräftig würzen.

3 _ Maistortillas je zur Hälfte mit etwas Käse bestreuen, dann die Tomaten-Aprikosen-Mischung und Joghurtsauce darauf verteilen und nochmals mit Käse bestreuen. Die freie Hälfte der Tortilla über die Füllung klappen und fest andrücken.

4 _ Tortillas auf den nicht zu heißen Grillrost legen und unter Wenden ca. 4 Minuten knusprig grillen. Beim Wenden darauf achten, dass über die geschlossene Seite gewendet wird.

ZUTATEN

200 g feste Tomaten ◆ 300 g Aprikosen ◆
1 Avocado ◆ 2 Basilikumstängel ◆
2 Oreganostängel ◆ 150 g Sojajoghurt ◆
4 Maistortillas (Maisfladen) ◆
120 g veganer Pizzakäse ◆ Salz ◆ Pfeffer

65

ZUBEREITUNGSZEIT 35 MINUTEN ZZGL. GRILLZEIT

WARM
GENIESSEN!

MAISTACOS MIT KNUSPRIGEM TEMPEH

FÜR 12 KLEINE TACOS

ZUBEREITUNG

1 Vom Maiskolben die Blätter und das Stroh entfernen, Maiskolben dünn mit Öl bestreichen und auf dem heißen Rost ca. 20 Minuten rundherum grillen.

2 In der Zwischenzeit Oregano waschen, trocknen, die Blättchen abzupfen und fein schneiden. Oregano mit Sojajoghurt verrühren und mit Salz und Pfeffer abschmecken. Spinat waschen und trocken schleudern.

3 Tempeh in zwölf Scheiben schneiden. Maiskolben halbieren, die Schnittflächen auf ein Brett stellen und mit einem Messer von oben die Körner abschneiden.

4 Tempeh ebenfalls dünn mit Öl bestreichen und auf dem heißen Grillrost 2–3 Minuten pro Seite knusprig grillen. Zuerst die Saucen und die Maiskörner in die Tacoschalen füllen, dann etwas Salat und zum Schluss ein Stück Tempeh.

ZUTATEN

1 Maiskolben ◆ 3 Oreganostängel ◆ 150 g Sojajoghurt ◆ 120 g junger Spinat ◆ 300 g geräuchertes oder vorgebratenes Tempeh (alternativ Räuchertofu) ◆ 200 g Mangosalsa (s. S. 97 oder gekaufte Salsa oder Ketchup) ◆ 12 Tacoschalen aus Mais ◆ Salz ◆ Pfeffer

Pflanzenöl zum Bestreichen

67

♨ ZUBEREITUNGSZEIT 25 MINUTEN ZZGL. GRILLZEIT

ORIENTALISCH GEFÜLLTE TOMATEN VOM GRILL

FÜR 6 TOMATEN

ZUBEREITUNG

1 Couscous und Rosinen vermengen und nach Packungsanweisung zubereiten. Mandeln grob hacken und in einer Pfanne ohne Fett unter Rühren rösten, bis sie anfangen zu duften. Sofort auf einem Teller auskühlen lassen. Anschließend die Koriandersaat ebenfalls trocken rösten. In einen Mörser geben und fein zerstoßen.

2 Minze waschen, trocknen, die Blätter abzupfen und fein schneiden. Tomaten waschen, den Stielansatz herausschneiden, Tomaten umdrehen und einen Deckel abschneiden. Das Innere der Tomaten mit einem Löffel aushöhlen, darauf achten, dass kein Loch zur Unterseite entsteht, die wässrigen Kerne entfernen und das herausgelöste Fruchtfleisch fein schneiden.

3 Couscous mit zwei Gabeln auflockern, Mandeln, Koriander, Minze und das klein geschnittene Tomatenfruchtfleisch untermengen. Die Mischung auf die Tomaten verteilen.

4 Die Deckel- und die Tomatenunterseiten dünn mit Öl bestreichen. Beides auf den nicht zu heißen Grillrost setzen und 2–3 Minuten grillen. Den Deckel wieder aufsetzen und sofort servieren.

ZUTATEN

200 g Couscous ◆ 50 g Rosinen ◆
50 g Mandeln ◆ 1 TL Koriandersaat ◆
2 Minzstängel ◆ 6 große Tomaten
(à 170–220 g) ◆ 2 EL Hanföl ◆
2 TL Zimtpulver ◆ 1 TL scharfes
Currypulver (z. B. Madrascurry) ◆ Salz

———

Pflanzenöl zum Bestreichen

69

ZUBEREITUNGSZEIT 35 MINUTEN ZZGL. GRILLZEIT

GEFÜLLTE PORTOBELLOPILZE

FÜR 12 PILZE

ZUBEREITUNG

1 _ Zitrone heiß waschen, trocknen und die Schale fein abreiben. Thymian waschen, trocknen, die Blättchen abzupfen und fein schneiden. Chili waschen, entkernen und fein würfeln. Knoblauch schälen und fein würfeln.

2 _ Pilze putzen, den Stiel herausschneiden, das untere Ende entfernen, den Rest des Stiels fein würfeln. Alles bis auf die ausgehöhlten Pilze mit einer Gabel unter die Margarine mischen und kräftig mit Salz und Pfeffer würzen.

3 _ Pilze rundherum dünn mit Öl bestreichen. Die ausgehöhlte Oberseite zuerst für ca. 2 Minuten auf dem nicht zu heißen Grillrost grillen. Pilze wenden und die Füllung hineingeben, etwa 4–5 Minuten zu Ende grillen, bis die Margarine vollständig geschmolzen ist und die Pilze weich sind.

ZUTATEN

½ unbehandelte Zitrone • 10 Thymianstängel • ½–1 rote Chilischote • 1 Knoblauchzehe • 12 Portobellopilze (alternativ große Champignons) • 100 g Pflanzenmargarine • Salz • Pfeffer

Pflanzenöl zum Bestreichen

71

ZUBEREITUNGSZEIT 25 MINUTEN ZZGL. GRILLZEIT

GEGRILLTE KARTOFFEL-SCHEIBEN MIT PETERSILIEN-KNOBLAUCH-ÖL

FÜR 4 PORTIONEN

ZUBEREITUNG

1_ Petersilie waschen, trocknen, die unteren Enden der Stiele abschneiden und die Petersilie grob schneiden. Knoblauch schälen. Apfelsaft, Öl, Petersilie und Knoblauch in ein hohes Gefäß geben und mit einem Pürierstab fein mixen.

2_ Kartoffeln gründlich waschen und längs in ca. 0,5 cm breite Scheiben schneiden. Scheiben mit etwas Pflanzenöl bestreichen und auf den nicht zu heißen Grillrost legen. Kartoffeln in etwa 5 Minuten pro Seite knusprig braten. Auf Tellern verteilen, salzen, pfeffern und mit dem Öl beträufeln.

ZUTATEN

1 großes Bund Petersilie (ca. 20 Stängel) ◆
½ Knoblauchzehe ◆ 2 EL Apfelsaft ◆
50 ml Olivenöl ◆ 4 große Backkartoffeln
(à ca. 250 g) ◆ Salz ◆ Pfeffer

Pflanzenöl zum Bestreichen

73

🔥 **ZUBEREITUNGSZEIT 25 MINUTEN ZZGL. GRILLZEIT**

GEGRILLTER ROMANASALAT MIT GREMOLATA

FÜR 4 PORTIONEN

ZUBEREITUNG

1 — Zitrone heiß waschen, trocknen und die Schale fein abreiben. Saft auspressen. Petersilie waschen, trocknen, die unteren Enden abschneiden und den Rest sehr fein hacken. Zitronenschale, 1 EL Zitronensaft, Petersilie, Zucker und Salz für die Gremolata vermischen.

2 — 2 EL Zitronensaft mit den Zutaten für die Marinade in ein Glas mit Schraubverschluss füllen, den Deckel zuschrauben und kräftig schütteln, bis sich die Marinade vermischt hat.

3 — Vom Romanasalat die äußeren Blätter entfernen, den Salat waschen und trocknen. Salat dünn mit Öl bepinseln und auf den heißen Grillrost legen. Etwa 2 Minuten pro Seite grillen. Auf einer Platte anrichten, mit der Marinade übergießen und mit der Gremolata bestreuen.

ZUTATEN

FÜR DIE GREMOLATA

1 unbehandelte Zitrone ◆ 7 Petersilienstängel ◆ 2 TL Rohrzucker ◆ Salz ◆ Pfeffer

FÜR DIE MARINADE

3 EL Olivenöl ◆ 1 TL Senf ◆ 1 EL Agavendicksaft ◆ Salz ◆ Pfeffer

2 Romanasalatherzen ◆ Pflanzenöl zum Bestreichen

75

🔥 **ZUBEREITUNGSZEIT 25 MINUTEN ZZGL. GRILLZEIT**

REGENBOGENSPIESSE (BUNTE GEMÜSESPIESSE)

FÜR CA. 12 SPIESSE

ZUBEREITUNG

1 Knoblauch schälen und fein würfeln. Mit etwas Salz und dem Messerrücken zu einer glatten Paste zerreiben. Rosmarin waschen, trocknen, die Nadeln abzupfen und fein schneiden. Mit den restlichen Zutaten verrühren, mit Pfeffer und vorsichtig mit Salz würzen.

2 Kartoffeln schälen und in einem Topf mit Wasser bedecken. Salzen, aufkochen und bissfest garen. Abgießen und abkühlen lassen.

3 Währenddessen Tomaten, Paprika und Zucchini waschen. Paprika entkernen und jeweils in zwölf Stücke schneiden. Orange heiß waschen, trocknen und ebenfalls in zwölf Stücke schneiden. Zwiebeln schälen und achteln. Karotten putzen und in zwölf Stücke schneiden. Abgekühlte Kartoffeln halbieren und zusammen mit dem restlichen Gemüse mit der Marinade vermengen. Abgedeckt mindestens 1 Stunde marinieren lassen.

4 Das Gemüse in Regenbogenfarben auf die Spieße stecken, dabei mit den Tomaten beginnen, anschließend rote Paprika, Karotten, Orangen, gelbe Paprika, Zucchini, grüne Paprika, ein paar Scheiben rote Zwiebel und zum Schluss die Kartoffeln aufspießen. Die Spieße auf dem Grillrost etwa 5 Minuten rundherum grillen.

ZUTATEN

FÜR DIE MARINADE
1 Knoblauchzehe ◆ 2 Rosmarinzweige ◆ 5 EL Olivenöl ◆ Salz ◆ Pfeffer

FÜR DIE SPIESSE
6 blaue Kartoffeln ◆ 12 Cherrytomaten ◆ je 1 rote, gelbe und grüne Paprika (à ca. 120 g) ◆ 1 Zucchini (ca. 200 g) ◆ 2 unbehandelte Orangen ◆ 2 rote Zwiebeln (ca. 120 g) ◆ 150 g Karotten

12 Grillspieße

TOFUSPIESSE MIT TOMATENMARINADE

FÜR 8 KLEINE SPIESSE

ZUBEREITUNG

1 – Kokosmilch cremig rühren und in eine flache Auflaufform gießen. Tofu längs und quer zerteilen, sodass insgesamt acht längliche Stücke entstehen. Tofu in der Kokosmilch für 3 Stunden einlegen.

2 – Limettensaft, Sojasauce, Tomatenmark und Ahornsirup mischen. Ein paar Tropfen Sesamöl unterrühren.

3 – Tofu aus der Kokosmilch nehmen, trocken tupfen und auf die Spieße stecken. Die übrige Kokosmilch kann natürlich noch für Saucen, Suppen etc. weiterverwendet werden. Spieße dünn mit Öl bestreichen und ca. 2 Minuten pro Seite auf dem Grillrost grillen. Zum Servieren die Spieße dünn mit der Marinade bestreichen.

ZUTATEN

1 Dose gesüßte Kokosmilch ◆
400 g Naturtofu ◆ Saft von ½ Limette ◆
4 TL Sojasauce ◆ 6 TL Tomatenmark ◆
2 TL Ahornsirup ◆ geröstetes Sesamöl

——

Pflanzenöl zum Bestreichen ◆ 8 Grillspieße

79

🔥 **ZUBEREITUNGSZEIT 20 MINUTEN ZZGL. GRILL- & MARINIERZEIT**

GEGRILLTE SEITAN-CURRYWURST

FÜR 8 WÜRSTE

ZUBEREITUNG

1_ Ingwer und Zwiebel schälen und in Stücke schneiden. Alle Zutaten für die Sauce in einen Topf geben und aufkochen lassen. Hitze reduzieren und die Sauce abgedeckt 25 Minuten köcheln lassen.

2_ Topf vom Herd nehmen und den Inhalt mit einem Pürierstab fein mixen. Vorsicht, die Flüssigkeit ist sehr heiß und kann spritzen. Je nach Schärfeempfinden mit Cayennepfeffer abschmecken. Topf zurück auf den Herd stellen. Die Reisstärke mit etwas Wasser mischen und mit einem Schneebesen unter die Sauce rühren. Unter Rühren aufkochen lassen und 1 Minute weiterköcheln lassen. Sollte die Sauce noch zu dünn sein, nochmals mit Reisstärke binden, bis die gewünschte Konsistenz erreicht ist.

3_ Würste auf dem Grillrost rundherum knusprig grillen, anschließend auf Tellern verteilen, Currysauce darübergeben und mit etwas Currypulver bestreuen.

ZUTATEN

FÜR DIE CURRYSAUCE

20 g Ingwer ◆ 100 g Zwiebel ◆ 800 ml Apfelsaft ◆ 100 g Tomatenmark ◆ 2 EL Rohrohrzucker ◆ 2 EL Sojasauce ◆ 1 EL scharfes Currypulver zzgl. etwas zum Bestreuen ◆ 2 TL rosenscharfes Paprikapulver ◆ 1–2 EL Reisstärke ◆ Cayennepfeffer

---

8 Seitan- oder Tofugrillwürste

81

ZUBEREITUNGSZEIT 25 MINUTEN ZZGL. KOCH- & GRILLZEIT

SAUCEN F
PESTO, K
MAYO

ÜR ALLES:
ETCHUP,
& CO.

APFEL-HASELNUSS-PESTO

FÜR CA. 400 ML

ZUBEREITUNG

1 _ Apfel waschen, vierteln, entkernen und in grobe Stücke schneiden. Haselnüsse grob hacken und mit dem Sesam in einer Pfanne ohne Fett unter Rühren rösten, bis es anfängt zu duften. Sofort auf einem flachen Teller abkühlen lassen.

2 _ Rucola und Spinat waschen und trocknen. Die unteren Enden des Rucola abschneiden. Schalotte schälen und grob würfeln. Alle Zutaten in eine Küchenmaschine mit Hackeinsatz oder per Hand in einem Mörser zu einem cremigen Pesto mahlen. Mit Salz, Pfeffer und Zucker abschmecken.

ZUTATEN

170 g säuerlicher Apfel ◆ 80 g Haselnüsse ◆ 50 g Sesamsaat ◆ 50 g Rucola ◆ 50 g junger Spinat ◆ 1 Schalotte ◆ 5 EL Olivenöl ◆ 1 Prise Rohrohrzucker ◆ Salz ◆ Pfeffer

85

ZUBEREITUNGSZEIT 25 MINUTEN

SUPER ALS MARINADE –
EINFACH NACH DEM
GRILLEN AUFPINSELN!

BBQ-KETCHUP

FÜR CA. 750 ML

ZUBEREITUNG

1_ Ingwer schälen und in Stücke schneiden. Knoblauchzehen schälen und grob würfeln. Alle Zutaten außer der Reisstärke in einen Topf geben und aufkochen lassen. Hitze reduzieren und die Sauce abgedeckt 25 Minuten köcheln lassen.

2_ Topf vom Herd nehmen und mit einem Pürierstab fein mixen. Vorsicht, die Flüssigkeit ist sehr heiß und kann spritzen. Topf zurück auf den Herd stellen. Die Reisstärke mit etwas Wasser anrühren und mit einem Schneebesen unter die Sauce rühren. Unter Rühren aufkochen und 1 Minute weiterköcheln lassen. Sollte der Ketchup noch zu dünn sein, nochmals mit Reisstärke binden, bis die gewünschte Konsistenz erreicht ist.

ZUTATEN

40 g Ingwer ◆ 6 Knoblauchzehen ◆ 800 ml Apfelsaft ◆ 80 g Tomatenmark ◆ 2 EL Rohrohrzucker ◆ 2 EL Sojasauce ◆ 1–2 EL Reisstärke

🔥 **ZUBEREITUNGSZEIT 20 MINUTEN ZZGL. KOCHZEIT**

GEGRILLTE MAISSALSA MIT GRÜNEN TOMATEN

1 GLAS À 500 ML

ZUBEREITUNG

1 – Maiskolben eventuell von Blättern und Fäden befreien, waschen, trocknen und dünn mit Öl bestreichen. Auf den heißen Grillrost legen und ca. 15–20 Minuten rundherum grillen. Abkühlen lassen.

2 – In der Zwischenzeit Tomaten waschen, die Stielansätze herausschneiden und die Tomaten fein würfeln. Zwiebel schälen und ebenfalls fein würfeln. Limette heiß waschen, trocknen und die Hälfte der Schale fein abreiben. Koriander waschen, trocknen, den unteren Teil der Stiele abschneiden und den Rest grob schneiden.

3 – Abgekühlte Maiskolben quer halbieren. Maiskolben auf die Schnittfläche auf ein Brett stellen und mit einem Messer von oben am Kolben entlang die Körner herunterschneiden. Alle Zutaten für die Salsa vermischen und mit Zucker, Salz und Pfeffer kräftig würzen.

ZUTATEN

2 Maiskolben ◆ 350 g grüne Tomaten ◆ 80 g rote Zwiebel ◆ 1 unbehandelte Limette ◆ 4–6 Korianderstängel ◆ 2 EL Pflanzenöl ◆ Rohrohrzucker ◆ Salz ◆ Pfeffer

Pflanzenöl zum Bestreichen

89

SUPER ALS MARINADE – EINFACH NACH DEM GRILLEN AUFPINSELN!

GRÜNES CHIMICHURRI (SCHARFE KRÄUTERSAUCE)

❦ ❦ ❦

FÜR CA. 200 ML

ZUBEREITUNG

1_ Petersilie und Koriander waschen, trocknen, die unteren Enden abschneiden und den Rest grob schneiden.

2_ Zwiebel schälen und grob würfeln. Knoblauch schälen. Champignons putzen, das untere Ende der Stiele abschneiden, den Rest grob würfeln. Jalapeño waschen und ohne Kerne in Ringe schneiden.

3_ Alle Zutaten in ein hohes Gefäß geben und mit dem Pürierstab mixen. Die Sauce soll noch leicht stückig sein.

ZUTATEN

1 großes Bund Petersilie (ca. 20 Stängel) ◆
1 großes Bund Koriander (ca. 20 Stängel) ◆
30 g Zwiebel ◆ 1 Knoblauchzehe ◆
70 g Champignons ◆ ½ Jalapeño (alternativ
mildere Chilischote) ◆ Saft von ½ Limette ◆
4 EL Leinöl ◆ 1 TL Zucker ◆ Salz ◆ Pfeffer

🔥 **ZUBEREITUNGSZEIT 15 MINUTEN**

GUACAMOLE MIT MANGO UND GRANATAPFEL

FÜR CA. 500 G

ZUBEREITUNG

1_ Zwiebel schälen und fein würfeln. Avocados halbieren, den Stein entfernen und das Fruchtfleisch mit einem Löffel herauskratzen. Avocado, Limettensaft und Zwiebelwürfel in eine Schüssel geben und mit einer Gabel grob zerdrücken. Mit Salz und Pfeffer kräftig würzen.

2_ Mango schälen und in sehr feine Würfel schneiden. Granatapfelkerne mit den Fingern zwischen den weißen Häutchen herauslösen. Beides unter die Guacamole heben.

3_ Wer mag, schneidet die Chili in feine Würfel und hebt diese auch noch unter. Creme in ein Glas mit Schraubverschluss füllen und kalt stellen.

ZUTATEN

1 kleine rote Zwiebel (ca. 50 g) ♦
2 reife Avocados ♦ Saft von
1 Limette ♦ ½ Mango (ca. 150 g) ♦
½ Granatapfel ♦ ½ entkernte
Chilischote (nach Geschmack) ♦
Salz ♦ Pfeffer

93

ZUBEREITUNGSZEIT 20 MINUTEN ZZGL. GRILLZEIT

HOISIN-MARINADE

FÜR CA. 250 ML

ZUBEREITUNG

1 Sesam in einer Pfanne ohne Fett unter Rühren rösten, bis er anfängt zu duften. Sofort auf einem Teller abkühlen lassen. Ingwer schälen und grob würfeln. Knoblauch schälen und mit dem Messerrücken andrücken. Chilischote waschen, entkernen und grob schneiden.

2 Alle Zutaten in einem Topf aufkochen, Herdplatte ausschalten und die Mischung abgedeckt 10 Minuten ziehen lassen.

3 Anschließend mit einem Pürierstab fein mixen, in ein Glas füllen und kalt stellen. Mit der Marinade kann Tofu und jegliches Gemüse nach dem Grillen dünn glasiert werden.

ZUTATEN

240 g Sesamsaat ◆ 30 g Ingwer ◆
4 Knoblauchzehen ◆ ½–1 rote
Chilischote ◆ 2 EL Hanföl ◆
250 g Hoisin-Sauce oder Ketjap Manis
(aus dem Asiaregal) ◆ 4 EL Sojasauce ◆
4 EL frisch gepresster Orangensaft

95

ZUBEREITUNGSZEIT 20 MINUTEN ZZGL. ZIEHZEIT

MANGO-SALSA

FÜR CA. 600 ML

ZUBEREITUNG

1— Mango schälen, das Fruchtfleisch vom Stein schneiden und grob würfeln. Tomaten waschen und ebenfalls grob würfeln. Beides vermengen und wer mag, mit einem Pürierstab grob anmixen (es soll noch eine stückige Konsistenz bleiben).

2— Cashewkerne grob hacken und in einer Pfanne ohne Fett unter Rühren rösten, bis sie anfangen zu duften. Sofort in die Salsa geben. Basilikum waschen, trocknen, die Blätter abzupfen und fein schneiden. Limettensaft, Agavendicksaft und Basilikum unter die Salsa rühren. Mit Salz und Pfeffer abschmecken. In ein Glas füllen und kalt stellen.

ZUTATEN

1 Mango (ca. 400 g) ◆ 100 g Tomaten ◆ 50 g Cashewkerne ◆ 4 Basilikumstängel ◆ Saft von ½ Limette ◆ 1 EL Agavendicksaft ◆ Salz ◆ Pfeffer

97

🔥 **ZUBEREITUNGSZEIT 25 MINUTEN**

KALT
AUFBEWAHREN

HUMMUS

FÜR 4 PORTIONEN

ZUBEREITUNG

1_ Kichererbsen ca. 12 Stunden in reichlich Wasser einweichen. Soll es schnell gehen: Die Kichererbsen im Wasser aufkochen, anschließend reichen 2 Stunden Einweichzeit. Danach abgießen, abspülen und in reichlich frischem Wasser aufkochen, die Hitze reduzieren und in ca. 1 Stunde weich kochen. Anschließend abgießen und auskühlen lassen.

2_ Petersilie waschen, trocken schütteln, unteres Ende der Stiele abschneiden und den Rest grob schneiden. Knoblauch schälen. Kreuzkümmel in einem Mörser fein zermahlen. Kichererbsen, Petersilie, Knoblauchzehe, Kreuzkümmel, Paprikapulver und Olivenöl in einer Küchenmaschine oder mit dem Pürierstab zu einer feinen Paste verarbeiten. Mit Salz würzen. Zitronensaft zusammen mit der Sesampaste und dem Zucker unter die Paste rühren.

ZUTATEN

250 g getrocknete Kichererbsen ◆ 1 Bund Petersilie ◆ 1 kleine Knoblauchzehe ◆ ½ TL Kreuzkümmelsaat ◆ 1 TL rosenscharfes Paprikapulver ◆ 5 EL Olivenöl ◆ Saft von 1 Zitrone ◆ Tahini (Sesampaste) ◆ 1 Prise Zucker ◆ Salz

99

MUHAMMARA (PAPRIKA-WALNUSS-DIP)

❦ ❦ ❦

FÜR CA. 400 ML

ZUBEREITUNG

1_ Paprika waschen. Wer einen Holzkohlegrill hat, legt die Paprika einfach in die Glut, bis die Schale schwarz ist. Auf einem Gas- oder Elektrogrill werden sie auf dem Rost rundherum gegrillt, im Backofen die Grillfunktion einstellen und unter wenden grillen. Ist die Schale schwarz, legt man die Paprika in eine Schüssel, deckt sie mit einem feuchten Tuch ab und lässt sie 10 Minuten ausdampfen. Mit einem Messer die Haut abziehen und die Kerne entfernen.

2_ Walnüsse in einer Pfanne ohne Öl unter Rühren rösten, bis sie anfangen zu duften. Sofort auf einem Teller abkühlen lassen. Kreuzkümmel ebenfalls trocken rösten. In einen Mörser geben und fein mahlen. Knoblauch und Zwiebel schälen. Alle Zutaten in einer Küchenmaschine mit Hackeinsatz oder mit dem Pürierstab zu einer feinen Creme mixen. Mit Salz abschmecken. In ein Glas füllen und kühl stellen.

ZUTATEN

400 g rote Paprika ◆ 50 g Walnüsse ◆
1 TL gemahlener Kreuzkümmel ◆
½ Knoblauchzehe ◆ ½ Zwiebel ◆
1 EL Harissapaste ◆ 2 EL Olivenöl ◆
2 EL cremiger Granatapfelessig ◆
25 g Paniermehl ◆ Salz

101

🔥 **ZUBEREITUNGSZEIT 20 MINUTEN ZZGL. GRILLZEIT**

SCHARFE ERDNUSSSAUCE

FÜR CA. 500 G

ZUBEREITUNG

1 – Vom Zitronengras die äußeren Blätter entfernen, den Stiel heiß waschen, mit dem Messerrücken etwas weich klopfen und in Ringe schneiden. Ingwer schälen und grob würfeln. Knoblauch schälen. Chilischote waschen, entkernen und grob schneiden.

2 – Alle Zutaten in eine Küchenmaschine füllen und mit dem Hackeinsatz zu einer feinen Paste pürieren. Wer keine Küchenmaschine hat, benutzt alternativ Erdnusscreme und püriert alles mit einem Pürierstab.

3 – Erdnusssauce in ein Glas füllen und kalt stellen.

ZUTATEN

1 Zitronengrasstängel ♦ 15 g Ingwer ♦ 2 Knoblauchzehen ♦ ½–1 Chilischote ♦ Saft von ½ Limette ♦ 1–2 TL Sojasauce ♦ 300 ml Kokoscreme oder Kokossahne ♦ 200 g ungesalzene geröstete Erdnüsse (alternativ 200 g Erdnusscreme)

ZUBEREITUNGSZEIT 20 MINUTEN

SWEET-CHILI-SAUCE

FÜR CA. 250 ML

ZUBEREITUNG

1 _ Peperoni waschen, trocknen und in Ringe schneiden. Ingwer und Knoblauch schälen und in feine Würfel schneiden. Alles mit Zucker, Sternanis und 200 ml Wasser ca. 15 Minuten einköcheln lassen.

2 _ Sternanis entfernen. 100 ml Zitronensaft zur Sauce geben und alles mit einem Pürierstab grob mixen. Speisestärke mit etwas Wasser verrühren, in die Sauce einrühren und zum Eindicken kurz aufkochen lassen. Sauce in ein Glas mit Schraubverschluss füllen und kalt stellen.

ZUTATEN

4 große rote Peperoni (ca. 100 g) ◆
50 g Ingwer ◆ 1 Knoblauchzehe ◆
200 g Rohrohrzucker ◆
1 Sternanis ◆ Saft von 2 Zitronen ◆
1 EL Speisestärke

🔥 ZUBEREITUNGSZEIT 15 MINUTEN ZZGL. KOCHZEIT

GANZ
EASY!

VEGANE MAYONNAISE

FÜR 1 GLAS CA. 200 G

ZUBEREITUNG

1_ Alle Zutaten in einen hohen Becher füllen, den Pürierstab im Becher langsam nach oben ziehen. So lange wiederholen, bis eine cremige Mayonnaise entstanden ist. In ein Glas füllen und kalt stellen. Mit Kräutern kann man sich die Mayonnaise schnell verfeinern.

ZUTATEN

50 ml kalte Sojamilch ◆ 100 ml Pflanzenöl ◆ 1 TL Zitronensaft ◆ 1 TL Senf ◆ 1 Prise Zucker ◆ Salz

 ZUBEREITUNGSZEIT 10 MINUTEN

DER L
GA
SÜS

ETZTE
NG:
SES

BEEREN-TÖPFCHEN

**FÜR 6 FÖRMCHEN À CA. 150 ML ODER
1 GROSSEN TOPF À 900 ML**

ZUBEREITUNG

1_ Sahne mit dem Handrührgerät oder dem Schneebesen cremig anschlagen, sie soll nicht ganz steif sein, nur fluffig. Sahne kalt stellen. Beeren waschen und verlesen.

2_ Aus den Erdbeeren den Stielansatz herausschneiden und die Früchte halbieren bzw. vierteln. Johannisbeeren von den Rispen lösen. Vanilleschote längs halbieren und das Mark herauskratzen. Die Schotenhälften nochmals dritteln. Zitrone heiß waschen, trocknen und 1 TL Schale fein abreiben. Zimtstangen in sechs Teile brechen.

3_ Früchte auf feuerfeste Förmchen verteilen, z. B. Soufflé-Förmchen, oder in eine größere feuerfeste Auflaufform oder einen gusseisernen Topf. Gewürze, Zucker und Saft dazugeben.

4_ Töpfchen auf den Grillrost stellen und aufkochen lassen. Etwa 1 Minute weiterköcheln lassen. Vorsichtig mit einem Topfhandschuh vom Rost nehmen, kurz abkühlen lassen und auf Tellern servieren. Auf jedes Töpfchen etwas Sahne geben.

ZUTATEN

200 ml aufschlagbare vegane Sahne ◆ 800 g gemischte Beeren (z. B. Erdbeeren, Himbeeren, Brombeeren, Stachelbeeren, Johannisbeeren) ◆ 1 Vanilleschote ◆ ½ unbehandelte Zitrone ◆ 1–2 Zimtstangen ◆ 20 g Rohrohrzucker ◆ 80 ml Holundersaft

GEGRILLTE ANANAS MIT ERDBEEREN UND SCHOKOSAUCE

FÜR 6-8 PORTIONEN

ZUBEREITUNG

1_ Kuvertüre hacken. Sojasahne vorsichtig in einem Topf erhitzen, Kuvertüre bei kleiner Hitze unter Rühren darin auflösen. Auf keinen Fall zu heiß werden lassen, da die Schokolade sonst verbrennt. Nach Belieben mit Zucker süßen.

2_ Von den Ananas die Krone und die Unterseite abschneiden, schälen und in 1,5 cm dicke Scheiben schneiden. Alternativ eine große Ananas längs vierteln und die Viertel in ca. 1,5 cm dicke Scheiben schneiden.

3_ Erdbeeren waschen, den Stielansatz herausschneiden und die Erdbeeren halbieren. Ananas dünn mit Öl bestreichen und von jeder Seite etwa 2 Minuten auf dem heißen Grillrost grillen.

4_ Erdbeeren und Ananasscheiben auf kleinen Tellern anrichten und mit der Schokoladensauce servieren.

ZUTATEN

80 g Bitterkuvertüre (70 % Kakao) ◆ 300 ml Sojasahne ◆ 3 Baby-Ananas (alternativ 1 große Ananas) ◆ 500 g Erdbeeren ◆ Rohrohrzucker nach Geschmack

—

Pflanzenöl zum Bestreichen

ZUBEREITUNGSZEIT 25 MINUTEN ZZGL. GRILLZEIT

GEGRILLTE BANANEN-FRÜHLINGSROLLEN MIT KOKOSSAHNE

FÜR 4 PORTIONEN

ZUBEREITUNG

1_ Die Kokossahne mit den Quirlen des Handrührgerätes zu einer luftigen Sahne aufschlagen und kalt stellen. Sesam in einer Pfanne ohne Fett unter Rühren rösten, bis er anfängt zu duften. Sofort auf einem Teller abkühlen lassen.

2_ Bananen schälen und quer in je vier Stücke schneiden. Frühlingsrollenblätter halbieren. Je ein Stück Banane auf das untere Drittel eines Blatts legen. Vom unteren Drittel her ein Stück Frühlingsrollenpapier über die Banane legen, die Seiten einklappen und von unten zur Rolle aufrollen.

3_ Frühlingsrollen dünn mit Öl einstreichen und mit der Nahtseite nach unten auf den nicht zu heißen Grillrost legen. In 3–4 Minuten rundherum knusprig grillen. Frühlingsrollen auf Tellern anrichten, mit je 1 EL Ahornsirup beträufeln, mit dem Sesam bestreuen und dazu einen Klecks Kokossahne geben.

ZUTATEN

200 ml Kokossahne (s. S. 134) ◆
60 g Sesamsaat ◆ 3 große Bananen ◆
6 Frühlingsrollenblätter (à 22 x 22 cm) ◆
4 EL Ahornsirup

———

Pflanzenöl zum Bestreichen

🔥 **ZUBEREITUNGSZEIT 40 MINUTEN ZZGL. GRILLZEIT**

GEGRILLTE PFIRSICHE MIT VANILLEEIS UND KEKSBRÖSELN

FÜR 8 PORTIONEN

ZUBEREITUNG

1 Pfirsiche waschen, halbieren und den Stein entfernen. Kekse in ein Küchentuch geben und mit dem Nudelholz grob zerbröseln.

2 Pfirsiche mit der Schnittstelle nach unten für 2–3 Minuten auf den Grillrost legen. Auf Tellern anrichten, je eine Eiskugel auf eine Pfirsichhälfte geben und die Keksbrösel darüber verteilen. Sofort genießen.

ZUTATEN

4 Pfirsiche (à ca. 130 g) ◆ 200 g vegane Schoko-Cookies oder andere Kekse ◆ 8 Kugeln veganes Vanilleeiscreme, ca. 400 ml

ZUBEREITUNGSZEIT 15 MINUTEN ZZGL. GRILLZEIT

VORHER, N

DABEI: GET

& OHNE

ACHHER &
RÄNKE MIT
ALKOHOL

EISKALT!

BLAUBEER-COOLER

FÜR 4 GLÄSER À 250 ML

ZUBEREITUNG

1_ Limette heiß waschen, vierteln und jedes Viertel nochmals in drei Stücke schneiden. Blaubeeren waschen.

2_ Limetten, Blaubeeren und Zucker auf die Gläser verteilen. Mit einem Stößel oder dem Stiel eines Kochlöffels alles kräftig andrücken. Crushed Ice in jedes Glas füllen und mit dem Ginger Ale auffüllen.

ZUTATEN

1 unbehandelte Limette ◆
200 g Blaubeeren ◆ 20 g Rohrohrzucker ◆
4–8 EL Crushed Ice ◆ 600 ml Ginger Ale

🔥 **ZUBEREITUNGSZEIT 10 MINUTEN**

KIRSCH-SANGRIA MIT WASSERMELONE

FÜR 1,3 L SANGRIA

ZUBEREITUNG

1 _ Zitrusfrüchte heiß waschen und in Stücke schneiden. Kirschsaft und Rotwein in einem großen Gefäß mischen und die Zitrusfrüchte dazugeben. Abgedeckt 2 Stunden ziehen lassen. Die Sangria muss dabei nicht gekühlt werden.

2 _ Vor dem Servieren die Wassermelone schälen, in große Stücke schneiden und in die Sangria geben. Sangria auf Gläser verteilen, dabei auch Zitrusfrüchte und Wassermelone mit ins Glas geben. Mit einer Gabel oder einem Picker servieren.

ZUTATEN

½ unbehandelte Zitrone ◆ ½ unbehandelte Orange ◆ 600 ml Kirschsaft ◆ 1 Flasche trockener Rotwein ◆ 800 g Wassermelone

KOKOS-ERDBEER-SMOOTHIE MIT CHIASAMEN UND MARACUJA

FÜR 4 GLÄSER À CA. 350 ML

ZUBEREITUNG

1_ Kokosmilch mit Chiasaat mischen und 2 Stunden kühlen. Dabei ab und zu umrühren, damit die Chiasamen nicht verklumpen. Erdbeeren waschen, den Stielansatz entfernen und mit dem Vanillezucker mit einem Pürierstab mixen.

2_ Erdbeerpüree auf vier Gläser verteilen. Maracujas halbieren, das Fruchtfleisch mit einem Löffel lösen und auf das Erdbeerpüree geben. Kokosmilch nochmals durchrühren und vorsichtig in die Gläser gießen. Mit einem langen Löffel servieren und sofort genießen.

ZUTATEN

1 l Kokosmilch zum Trinken bzw. Kokosdrink ◆ 40 g Chiasaat ◆ 240 g Erdbeeren ◆ 1 Päckchen Vanillezucker ◆ 2 Maracujas (Passionsfrucht)

ZUBEREITUNGSZEIT 20 MINUTEN ZZGL. KÜHLZEIT

PINKE GRAPEFRUIT-LIMONADE

FÜR CA. 1 L LIMONADE

ZUBEREITUNG

1 – Grapefruits und eine Zitrone auspressen und mit Ahornsirup süßen. Thymian waschen und zu dem Saft geben. Kalt stellen und mindestens 6 Stunden ziehen lassen.

2 – Thymian entfernen und den Saft mit Wasser aufgießen. Erneut kühl stellen. Vor dem Trinken die zweite Zitrone heiß waschen und in Scheiben schneiden. In jedes Glas eine Zitronenscheibe geben und mit der kalten Limonade aufgießen.

ZUTATEN

4 pinke Grapefruits (ca. 1 kg) ◆
2 unbehandelte Zitronen ◆
2–4 EL Ahornsirup ◆ 4 Thymianzweige ◆
400 ml Mineralwasser mit Kohlensäure

RHABARBER-EISTEE

FÜR 1,25 L, CA. 6 GLÄSER À 200 ML

ZUBEREITUNG

1 750 ml Wasser aufkochen und 1 Minute abkühlen lassen. Grünen Tee in ein Teesieb füllen und mit dem heißen Wasser übergießen. 3–4 Minuten ziehen lassen, dann das Teesieb entfernen. Tee vollständig abkühlen lassen.

2 Grünen Tee und Rhabarbersaft mischen, nach Belieben mit Ahornsirup süßen. Kalt stellen. Zitrone heiß waschen und in Scheiben schneiden. Minze ebenfalls waschen. In jedes Glas einige Eiswürfel, einen Stiel Minze und eine Zitronenscheibe geben, mit dem Eistee auffüllen und kalt genießen.

ZUTATEN

2 EL grüner Tee (alternativ ca. 3 Beutel) ◆ 500 ml Rhababersaft ◆ Ahornsirup ◆ 1 unbehandelte Zitrone ◆ 6 Minzstängel ◆ Eiswürfel

EISKALT!

SEKT MIT HIMBEER-HOLUNDERBLÜTEN-SORBET

FÜR 4 GLÄSER À 200 ML

ZUBEREITUNG

1 _ Orange heiß waschen, trocknen und 2 TL Schale fein abreiben. Himbeeren und Holunderblütensirup in ein hohes Gefäß geben. Mit dem Pürierstab so lange mixen, bis ein cremiges Sorbet entstanden ist. Orangenschale unterrühren und das Sorbet bis zur Verwendung einfrieren.

2 _ Zitronenmelisse waschen und die Blätter abzupfen. Das Sorbet und die Melisseblätter auf vier Gläser verteilen und mit Sekt auffüllen. Mit Löffeln servieren, so kann man das Sorbet löffeln oder unterrühren.

ZUTATEN

FÜR DAS SORBET

1 unbehandelte Orange •
150 g TK-Himbeeren •
4 EL Holunderblütensirup

---

4 Zitronenmelissestängel •
1 Flasche Sekt

ZUBEREITUNGSZEIT 15 MINUTEN

REZEPTE FÜR VEGANE BASICS I

HARISSA

1_ Die getrockneten Chilis in eine Schüssel geben und 150 ml kochendem Wasser darübergießen. 10 Minuten ziehen lassen. Die frischen Chilis grob zerteilen.

2_ Den Knoblauch schälen und grob hacken. Koriander und Kreuzkümmel in einer Pfanne ohne Fett unter Rühren rösten, bis sie anfangen zu duften. Sofort auf einem Teller auskühlen lassen. Sämtliche Zutaten (bei den getrockneten Chilis auch die Einweichflüssigkeit) in ein hohes Gefäß geben und mit einem Pürierstab zu einer geschmeidigen Paste verarbeiten. Wenn die Masse zu trocken ist, tropfenweise heißes Wasser untermixen.

3_ Die fertige Harissa lässt sich mit Öl bedeckt in heiß ausgespülten Gläsern aufbewahren.

ZUTATEN

FÜR 1 GLAS À 300 ML

50 g getrocknete oder 150 g frische Chilischoten ◆ 5 Knoblauchzehen ◆ 1 EL Koriandersaat ◆ 1 EL Kreuzkümmel ◆ 1 EL Salz ◆ 150 g Tomatenmark ◆ 1 EL Sumak ◆ 100 ml Olivenöl

🔥 **10 MINUTEN ZZGL. ZIEHZEIT**

SAUERTEIGANSATZ

1_ 100 g Mehl mit 200 ml lauwarmem Wasser in einer Schüssel verrühren und 48 Stunden offen stehen lassen. Die optimale Gärtemperatur liegt bei 22–24 °C. Sollte sich eine Haut auf dem Sauerteigansatz gebildet haben, diese entfernen. Weitere 50 g Mehl und 100 ml lauwarmes Wasser unterrühren. Nun 24 Stunden offen stehen lassen. Den Vorgang wiederholen. Der Ansatz ist jetzt einsatzbereit.

2_ Den nicht für das Rezept benötigten Sauerteig wieder mit 50 g Mehl und 100 ml lauwarmem Wasser füttern. Soll der Ansatz nicht direkt weiterverwendet werden, nur 50 ml Wasser dazugeben und den etwas dickeren Teig gut verschlossen im Kühlschrank aufbewahren. Zum Starten wieder 50 g Mehl und 100 ml Wasser dazugeben und 24 Stunden offen stehen lassen.

ZUTATEN

FÜR 1 SAUERTEIGANSATZ

200 g Roggenvollkornmehl

🔥 **10 MINUTEN ZZGL. ZIEHZEIT**

SAUERTEIGBROT

1 — Den Sauerteig mit 300 g Roggenmehl und 300 ml lauwarmem Wasser gut vermengen, leicht abdecken und 18 Stunden stehen lassen. 500 g Sauerteig weiterverwenden, den restlichen Sauerteig wie im Ansatz beschrieben versorgen und entweder wieder startklar machen oder für den Kühlschrank fertig machen.

2 — Die 500 g Sauerteig mit dem restlichen Roggen- und Weizenmehl mischen, das Salz dazugeben und vermengen. Bei einem schon länger genutzten Sauerteig wird keine Hefe mehr nötig sein, bei einem noch jungen die Hefe zum Mehl bröseln. 450 ml lauwarmes Wasser hineingeben, alles zu einem glatten Teig verkneten und 15 Minuten gehen lassen.

3 — Den Teig halbieren und beide Teile zu runden Laiben formen. Auf ein mit Backpapier ausgelegtes Backblech geben und abgedeckt 1 Stunde gehen lassen. Den Backofen auf 250 °C vorheizen. Das Brot hineingeben und 10 Minuten backen, die Temperatur auf 200 °C reduzieren und das Brot in 40–45 Minuten fertig backen.

ZUTATEN

FÜR 2 BROTE

200 g Sauerteig ◆ 500 g Roggenvollkornmehl ◆ 500 g Weizenvollkornmehl ◆ 2 EL Salz ◆ ggf. ½ Hefewürfel

 30 MINUTEN ZZGL. GEH- UND BACKZEIT

HMMJAMMIII

REZEPTE FÜR VEGANE BASICS II

BURGERBRÖTCHEN

1_ Hefe mit 250 ml lauwarmem Wasser und der Hälfte des Zuckers in eine Schüssel geben, auflösen und 30 Minuten ruhen lassen, bis sich etwas Schaum gebildet hat.

2_ Das Mehl mit dem restlichen Zucker und dem Salz vermengen. Die Hefeflüssigkeit und die Margarine dazugeben und zu einem geschmeidigen Teig kneten. Mit einem Tuch abdecken und etwa 1½ Stunden an einem warmen Ort gehen lassen, der Teig sollte etwas das doppelte Volumen haben.

3_ Den Teig noch einmal kneten und in acht Stücke teilen, diese zu Kugeln formen und auf ein mit Backpapier ausgelegtes Blech geben. Etwas flach drücken, mit einem Tuch abdecken und erneut 30 Minuten gehen lassen.

4_ Den Backofen auf 180 °C Umluft vorheizen. Die Brötchen mit Wasser einpinseln und mit etwas Sesam bestreuen. In den Backofen geben und 15–20 Minuten goldbraun backen.

ZUTATEN

FÜR 8 BRÖTCHEN
½ Würfel Hefe ◆ 1 EL Zucker ◆
500 g Mehl (Type 550) ◆ 1 TL Salz ◆
50 g Margarine ◆ Sesam

🔥 **40 MINUTEN ZZGL. GEH- UND BACKZEIT**

MAISTORTILLAS

1_ Das Maismehl mit dem Salz in eine Schüssel geben, 120 ml warmes Wasser angießen und zu einem weichen, etwas feuchten Teig kneten. Den Teig in vier bzw. acht kleine Teigkugeln teilen und jede Kugel zwischen zwei Lagen Klarsichtfolie ausrollen. Die großen auf einen Durchmesser von 20–25 cm, die kleinen auf etwa 12 cm.

2_ Eine Bratpfanne erhitzen (auch auf dem Grill) und die Fladen ohne Zugabe von Öl 30 Sekunden bräunen, wenden und weitere 30 Sekunden bräunen.

ZUTATEN

FÜR 4 GROSSE ODER 8 KLEINE FLADEN
1 Prise Salz ◆ 120 g Maismehl

🔥 **40 MINUTEN**

KOKOSSAHNE

1_ Die Dose über Nacht in den Kühlschrank stellen. Am nächsten Tag öffnen und den festen Teil abnehmen und in eine Schüssel geben. Den flüssigen Teil anderweitig verwenden. Den festen Teil der Kokosmilch mit dem elektrischen Handrührgerät kräftig aufschlagen, mit Zucker oder einem anderen Süßungsmittel nach Geschmack süßen.

ZUTATEN

FÜR 4 PORTIONEN

1 Dose Kokosmilch ◆ Zucker oder Agavendicksaft nach Geschmack

 10 MINUTEN ZZGL. KÜHLZEIT

SCHOKO-COOKIES

1_ Den Backofen auf 180 °C vorheizen. Mehl, Backpulver und Zucker mischen und mit der weichen Margarine zu einem glatten Teig kneten. Die Schokolade hacken und unter den Teig mengen. Nach Wunsch in 30–40 Portionen teilen, diese zu Kugeln formen und auf einem mit Backpapier ausgelegten Backblech leicht flach drücken. Im Ofen 9–12 Minuten backen, die Kekse sollen nicht braun werden, dann sind sie schon zu hart.

ZUTATEN

FÜR 30–40 COOKIES

350 g Mehl ◆ 180 g Rohrohrzucker ◆ 1 ½ TL Backpulver ◆ 220 g weiche Pflanzenmargarine ◆ 100 g Zartbitter-Kuvertüre (oder Zartbitter- und Reismilchschokolade gemischt)

 40 MINUTEN ZZGL. BACKZEIT

JETZT ABER SCHNELL

REGISTER

Die veganen Produkte sind nach bestem Wissen zusammengestellt. Garantieren können wir nicht, dass die Liste 100%ig korrekt ist, denn Lebensmittelhersteller können von Zeit zu Zeit ihre Rezepturen ändern. Am besten ist es immer, die Inhaltsstoffe aufmerksam zu lesen und auch Zusatzstoffe zu prüfen. Die aufgelisteten Firmen sollen euch nur eine kleine Hilfestellung sein, es gibt bei den jeweiligen Produkten häufig sicherlich noch mehr vegane Alternativen.

AGAVENDICKSAFT
- Gegrillter Romanasalat mit Gremolata 75
- Glasnudelsalat mit Thaidressing 19
- Mango-Salsa 97
- Sobanudelsalat mit japanischem Dressing 23

AHORNSIRUP
- Gegrillte Bananen-Frühlingsrollen mit
- Kokossahne 115
- Pinke Grapefruit-Limonade 127
- Rhabarber-Eistee 129
- Tofuspieße mit Tomatenmarinade 79
- Tomatensalat mit gegrillter Wassermelone 37

ANANAS
- Gegrillte Ananas mit Erdbeeren und Schokosauce 113
- Vegane Burger 53

APFEL-HASELNUSS-PESTO 85

APFELSAFT z.B. von Bauer, BioBio, dennree, Füllhorn.
- BBQ-Ketchup 87
- Gegrillte Kartoffelscheiben mit Petersilien-Knoblauch-Öl 73
- Gegrillte Seitan-Currywurst 81

APRIKOSEN
- Quesadillas mit Tomaten-Aprikosen-Füllung 65

AUBERGINE
- Dreierlei Crostini 31
- Gegrillter Brotsalat mit mediterranem Gemüse 43
- Gegrillte Gemüsetürmchen 41

AVOCADO
- Guacamole mit Mango und Granatapfel 93
- Quesadillas mit Tomaten-Aprikosen-Füllung 65
- Quinoasalat mit cremigem Himbeer-Dressing 21
- Vegane Burger 53

BAGUETTES sind originär vegan, fragt beim Bäcker nach. Kamps und die Back-Factory geben an, dass ihr Baguette vegan ist. Da echtes Baguette in der Zubereitung etwas tricky ist, könnt ihr, wenn ihr lieber selbst backen möchtet, auf das Pitarezept *Seite 61* zurückgreifen.
- Dreierlei Crostini 31
- Gegrilltes Kräuter-Baguette mit Tomaten-Pfeffer-»Butter« 45

BALSAMICO ist nicht immer vegan, bei Alnatura ist sowohl der rote als auch der weiße vegan, Kühne produziert einen veganen weißen
- Dreierlei Crostini 31

BANANEN-FRÜHLINGSROLLEN, GEGRILLT, MIT KOKOS-SAHNE 115

BASILIKUM
- Dreierlei Crostini 31
- Gegrillte Gemüsetürmchen 41
- Gegrillte Karotten mit Haselnuss-Basilikum-Bröseln 39
- Gegrillter Brotsalat mit mediterranem Gemüse 43
- Gegrilltes Kräuter-Baguette mit Tomaten-Pfeffer-»Butter« 45
- Mango-Salsa 97
- Quesadillas mit Tomaten-Aprikosen-Füllung 65

BBQ-KETCHUP 87

BEERENTÖPFCHEN 111

BITTERKUVERTÜRE z.B. von Vivani, zartbitterschokolade auch von Feodora, Hachez, Lindt, Rapunzel, Rewe Bio, Real Bio, Sarotti Bio
- Gegrillte Ananas mit Erdbeeren und Schokosauce 113

BLAUBEER-COOLER 121

BLUMENKOHLSTEAKS MIT ERBSENPESTO 49

BLÜTEN
- Bunter Wildkräutersalat mit Blüten & Walnuss-Schalotten-Dressing 27

BOHNEN
- Gegrillter Kartoffelsalat 33

BROMBEEREN
- Beerentöpfchen 111

BROTSALAT MIT MEDITERRANEM GEMÜSE 43

BULGUR
- Curry-Bulgur-Salat mit getrockneten Kirschen und Pistazien 17

BUNTE GEMÜSESPIESSE 77

BUNTER KRAUTSALAT MIT ZITRONEN-JOGHURT-SAUCE 15

BUNTER WILDKRÄUTERSALAT MIT BLÜTEN UND WALNUSS-SCHALOTTEN-DRESSING 27

BURGERBRÖTCHEN z.B. Golden Toast American Mega Burger, als Alternative z.B. Netto BioBio Toastbrötchen, Rewe Mehrkorn-Toast brötchen, ansonsten backt sie selbst, *Seite 136*.
- Burger 53

CANNELLINI-BOHNEN
- Vegane Burger 53

CASHEWKERNE
- Blumenkohlsteaks mit Erbsenpesto 49
- Mango-Salsa 97

CHAMPIGNONS
- Gefüllte Portobellopilze 71
- Grünes Chimichurri (scharfe Kräutersauce) 91

CHERRYTOMATEN
- Regenbogenspieße 77

CHIASAAT
- Kokos-Erdbeer-Smoothie mit Chiasamen und Maracuja 125

CHILI
- Gefüllte Portobellopilze 71
- Grünes Chimichurri (scharfe Kräutersauce) 91
- Guacamole mit Mango und Granatapfel 93
- Hoisin-Marinade 95
- Scharfe Erdnusssauce 103

CHIMICHURRI 91

CIABATTA ist originär vegan, fragt beim Bäcker nach. Back-Factory oder das Aufbackciabatta von Ital D'oro (Lidl) sollen vegan sein.
- Gegrillter Brotsalat mit mediterranem Gemüse 43

COUSCOUS
- Orientalisch gefüllte Tomaten vom Grill 69

CROSTINI 31

CURRYPULVER
- Curry-Bulgur-Salat mit getrockneten Kirschen und Pistazien 17
- Gegrillte Seitan-Currywurst 81
- Orientalisch gefüllte Tomaten vom Grill 69

CURRYWURST 81

DILL
- Gegrillter Kartoffelsalat 33
- Veganer Hotdog mit Gurkenrelish 55

DREIERLEI CROSTINI 33

ERBSEN
- Blumenkohlsteaks mit Erbsenpesto 49
- Erbsencreme-Crostini 31

ERBSENPESTO 49

ERDBEEREN
- Beerentöpfchen 111
- Gegrillte Ananas mit Erdbeeren und Schokosauce 113
- Kokos-Erdbeer-Smoothie mit Chiasamen und Maracuja 125

ERDNÜSSE
- Glasnudelsalat mit Thaidressing 19
- Scharfe Erdnusssauce 103

FALAFEL IM BROT 51

FENCHEL
- Gegrillter Brotsalat mit mediterranem Gemüse 43

FRÜHLINGSROLLENBLÄTTER sind fast immer vegan, einige wenige sind aber mit Ei hergestellt, schaut daher bitte immer auf die Inhaltsstoffe.
- Gegrillte Banane-Frühlingsrollen mit Kokossahne 115

FRÜHLINGSZWIEBEL
- Dreierlei Crostini 31
- Glasnudelsalat mit Thaidressing 19

GEMÜSEBRÜHE z.B Biovegan, Penny Klare Delikatessbrühe und Klare Gemüsebrühe, Maggi Klare Gemüsebrühe, Gekörnte Brüh, Klare Brühe und Brühwürfel

GINGER ALE z.B. Schweppes
- Blaubeer-Cooler 121

GEFÜLLTE PORTOBELLOPILZE 71

GEFÜLLTE TOMATEN VOM GRILL 69

GEGRILLTE ANANAS MIT ERDBEEREN UND SCHOKOSAUCE 113

GEGRILLTE BANANEN-FRÜHLINGSROLLEN MIT KOKOSSAHNE 115

GEGRILLTE GEMÜSETÜRMCHEN 41

GEGRILLTE KAROTTEN MIT HASELNUSS-BASILIKUM-BRÖSELN 39

GEGRILLTE KARTOFFELSCHEIBEN MIT PETERSILIEN-KNOBLAUCH-ÖL 73

GEGRILLTE MAISSALSA MIT GRÜNEN TOMATEN 89

GEGRILLTE PFIRSICHE MIT VANILLEEIS UND KEKSBRÖSELN 117

GEGRILLTE PIZZA MIT ZUCCHINI 59

GEGRILLTE POLENTASCHNITTEN 63

GEGRILLTE SEITAN-CURRYWURST 81

GEGRILLTE WASSERMELONE 37

GEGRILLTER BROTSALAT MIT MEDITERRANEM GEMÜSE 43

GEGRILLTER KARTOFFELSALAT 33

GEGRILLTER ROMANASALAT MIT GREMOLATA 75

GEGRILLTES KRÄUTERBAGUETTE MIT TOMATEN-PFEFFER »BUTTER« 45

GEGRILLTES PITABROT 61

GEGRILLTES SANDWICH MIT ROTER BETE 57

GEMÜSESPIESSE, BUNT 77

GEMÜSETÜRMCHEN 41

GLASNUDELSALAT MIT THAIDRESSING 19

GRANATAPFEL
- Guacamole mit Mango und Granatapfel 93
- Linsensalat mit gegrillter Paprika und Granatapfeldressing 35

GRANATAPFELESSIG z.B. Byodo Granatapfel Balsamico
- Linsensalat mit gegrillter Paprika und Granatapfeldressing 35
- Muhammara (Paprika-Walnuss-Dip) 101

GRAPEFRUIT-LIMONADE 127

GREMOLATA 75

GRILLWURST
- Veganer Hotdog mit Gurkenrelish 55

GRÜNES CHIMICHURRI 91

GUACAMOLE MIT MANGO UND GRANATAPFEL 93

GURKE
- Curry-Bulgur-Salat mit getrockneten Kirschen und Pistazien 17
- Glasnudelsalat mit Thaidressing 19
- Sommerrollen mit Mango 25
- Veganer Hotdog mit Gurkenrelish 55

HAFERMILCH
- Gegrillte Polentaschnitten 63

HANFÖL
- Bunter Wildkräutersalat mit Blüten & Walnuss-Schalotten-Dressing 27
- Hoisin-Marinade 95
- Sobanudelsalat mit japanischem Dressing 23
- Orientalisch gefüllte Tomaten vom Grill 69

HARISSAPASTE ist originär vegan, schaut auch die Inhaltsstoffe oder bereitet sie selbst zu, *Seite 133*.
- Muhammara (Paprika-Walnuss-Dip) 101

HASELNÜSSE
- Apfel-Haselnuss-Pesto 85
- Gegrillte Karotten mit Haselnuss-Basilikum-Bröseln 39

HIMBEEREN
- Beerentöpfchen 111
- Quinoasalat mit cremigem Himbeer-Dressing 21
- Sekt mit Himbeer-Holunderblüten-Sorbet 131

HOISIN-SAUCE ist originär vegan, schaut aber bitte immer auf die Inhaltsstoffe

HOISIN-MARINADE 95

HOLUNDERBLÜTENSIRUP
- Sekt mit Himbeer-Holunderblüten-Sorbet 131

HOLUNDERSAFT
- Beerentöpfchen 111

HOTDOG-BRÖTCHEN macht's wie bei den Burgerbrötchen

HOTDOG MIT GURKENRELISH 55

HUMMUS ist originär vegan, schaut aber bitte immer auf die Inhaltsstoffe, vegan sind z.B. bio-verde, Green Heart, Salade, oder macht ihn selbst, *Seite 99*

HUMMUS 99
- Hummus-Auberginen-Pesto 31
- Dreierlei Crostini 31
- Falafel im Brot 51

INGWER
- BBQ-Ketchup 87
- Gegrillte Seitan-Currywurst 81
- Glasnudelsalat mit Thaidressing 19
- Hoisin-Marinade 95
- Scharfe Erdnusssauce 103
- Sobanudelsalat mit japanischem Dressing 23
- Sweet-Chili-Sauce 105

JALAPEÑO
- Grünes Chimichurri (scharfe Kräutersauce) 91

JAPANISCHES DRESSING 23

JOHANNISBEEREN
- Beerentöpfchen 111

KAROTTEN
- Bunter Krautsalat mit Zitronen-Joghurt-Sauce 15
- Gegrillte Karotten mit Haselnuss-Basilikum-Bröseln 39
- Glasnudelsalat mit Thaidressing 19
- Regenbogenspieße (bunte Gemüsespieße) 77
- Sobanudelsalat mit japanischem Dressing 23
- Sommerrollen mit Mango 25

KAROTTEN MIT HASELNUSS-BASILIKUM-BRÖSELN 39

KARTOFFELN
- Gegrillte Kartoffelscheiben mit Petersilien-Knoblauch-Öl 73
- Gegrillter Kartoffelsalat 33
- Regenbogenspieße (bunte Gemüsespieße) 77

KARTOFFELSALAT 33

KARTOFFELSCHEIBEN MIT PETERSILIEN-KNOBLAUCH-ÖL 73

KEKSE gibt es mittlerweile relativ viele vegane, hier sind ja Schoko-Cookies gemeint, schaut dort nach

KETCHUP
- BBQ-Ketchup 87
- Vegane Burger 53
- Veganer Hotdog mit Gurkenrelish 55

KETJAP MANIS
- Hoisin-Marinade 95

KICHERERBSEN
- Falafel im Brot 51
- Hummus 99

KIRSCHEN
- Curry-Bulgur-Salat mit getrockneten Kirschen und Pistazien 17

KIRSCH-SANGRIA MIT WASSERMELONE 123

KIRSCHSAFT, BZW. -NEKTAR z. B Granini Sauerkirsch, beckers bester Kirschnektar, Rabenhorst Kirsche, Rewe Sauerkirschnektar
- Kirsch-Sangria mit Wassermelone 123

KIRSCHTOMATEN
- Dreierlei Crostini 31

KNOBLAUCH
- BBQ-Ketchup 87
- Falafel im Brot 51
- Gefüllte Portobellopilze 71
- Gegrillte Kartoffelscheiben mit Petersilien-Knoblauch-Öl 73
- Gegrillte Pizza mit Zucchini 59
- Gegrillter Brotsalat mit mediterranem Gemüse 43
- Gegrilltes Kräuter-Baguette mit Tomaten-Pfeffer-»Butter« 45
- Grünes Chimichurri (scharfe Kräutersauce) 91
- Hoisin-Marinade 95
- Hummus 99
- Muhammara (Paprika-Walnuss-Dip) 101
- Regenbogenspieße (bunte Gemüsespieße) 77

- Scharfe Erdnusssauce 103
- Sweet-Chili-Sauce 105

KOKOS-ERDBEER-SMOOTHIE MIT CHIASAMEN UND MARACUJA 125

KOKOSCREME
- Scharfe Erdnusssauce 103

KOKOSMILCH
- Gegrillte Banane-Frühlingsrollen mit Kokossahne 115
- Kokos-Erdbeer-Smoothie mit Chiasamen und Maracuja 125
- Tofuspieße mit Tomatenmarinade 79

KOKOSSAHNE könnt ihr auch selbst machen, schaut auf *Seite 137*
- Gegrillte Banane-Frühlingsrollen mit Kokossahne 115
- Scharfe Erdnusssauce 103

KORIANDER
- Dreierlei Crostini 31
- Falafel im Brot 51
- Gegrillte Maissalsa mit grünen Tomaten 89
- Grünes Chimichurri (scharfe Kräutersauce) 91
- Linsensalat mit gegrillter Paprika und Granatapfeldressing 35
- Orientalisch gefüllte Tomaten vom Grill 69

KRÄUTERBAGUETTE MIT TOMATEN-PFEFFER-»BUTTER« 45

KRÄUTERSAUCE 91

KRAUTSALAT MIT ZITRONEN-JOGHURT-SAUCE 15

KRESSE
- Bunter Wildkräutersalat mit Blüten & Walnuss-Schalotten-Dressing 27

KREUZKÜMMEL
- Falafel im Brot 51
- Hummus 99
- Muhammara (Paprika-Walnuss-Dip) 101

KURKUMA
- Veganer Hotdog mit Gurkenrelish 55

LEINÖL
- Blumenkohlsteaks mit Erbsenpesto 49
- Glasnudelsalat mit Thaidressing 19
- Grünes Chimichurri (scharfe Kräutersauce) 91
- Linsensalat mit gegrillter Paprika und Granatapfeldressing 35

LIMETTE
- Blaubeer-Cooler 121
- Gegrillte Maissalsa mit grünen Tomaten 89
- Glasnudelsalat mit Thaidressing 19
- Grünes Chimichurri (scharfe Kräutersauce) 91
- Guacamole mit Mango und Granatapfel 93
- Mango-Salsa 97
- Scharfe Erdnusssauce 103
- Tofuspieße mit Tomatenmarinade 79

LIMONADE 127

LINSENSALAT MIT GEGRILLTER PAPRIKA UND GRANATAPFELDRESSING 35

LÖWENZAHN
- Gegrilltes Sandwich mit Roter Bete 57

MAISFLADEN sind originär vegan, schaut aber bitte immer auf die Inhaltsstoffe oder macht sie selbst, *Seite 136*
- Quesadillas mit Tomaten-Aprikosen-Füllung 65

MAISGRIESS s. Polenta

MAISKOLBEN
- Gegrillte Maissalsa mit grünen Tomaten 89
- Maistacos mit knusprigem Tempeh 67
- Vegane Burger 53

MAISSALSA MIT GRÜNEN TOMATEN 89

MAISTACOS MIT KNUSPRIGEM TEMPEH 67

MAISTORTILLA 136

MANDELN
- Orientalisch gefüllte Tomaten vom Grill 69

MANGO
- Glasnudelsalat mit Thaidressing 19
- Guacamole mit Mango und Granatapfel 93
- Mango-Salsa 97
- Sommerrollen mit Mango 25

MANGOSALSA 97
- Maistacos mit knusprigem Tempeh 67

MARACUJA
- Kokos-Erdbeer-Smoothie mit Chiasamen und Maracuja 125

MAYONNAISE z.B. Naturata Salatmayonnaise ohne Ei, Biovita Salat Mayonnaise ohne Ei, Vitam Salat Mayonnaise ohne Ei, oder ihr macht sie selbst, *Seite 107*

MAYONNAISE 107
- Gegrillter Kartoffelsalat 33
- Vegane Burger 53

MINZE
- Curry-Bulgur-Salat mit getrockneten Kirschen und Pistazien 17
- Dreierlei Crostini 31
- Falafel im Brot 51
- Linsensalat mit gegrillter Paprika und Granatapfeldressing 35
- Falafel im Brot 51
- Orientalisch gefüllte Tomaten vom Grill 69
- Rhabarber-Eistee 129
- Sommerrollen mit Mango 25
- Tomatensalat mit gegrillter Wassermelone 37

MUHAMARRA 101

NATURTOFU
- Tofuspieße mit Tomatenmarinade 79

OLIVEN
- Gegrillter Brotsalat mit mediterranem Gemüse 43

OLIVENÖL
- Apfel-Haselnuss-Pesto 85
- Dreierlei Crostini 31
- Curry-Bulgur-Salat mit getrockneten Kirschen und Pistazien 17
- Gegrillte Karotten mit Haselnuss-Basilikum-Bröseln 39
- Gegrillte Kartoffelscheiben mit Petersilien-Knoblauch-Öl 73
- Gegrillte Pizza mit Zucchini 59
- Gegrillter Brotsalat mit mediterranem Gemüse 43
- Gegrillter Romanasalat mit Gremolata 75
- Gegrilltes Pitabrot 61
- Hummus 99
- Muhammara (Paprika-Walnuss-Dip) 101
- Regenbogenspieße (bunte Gemüsespieße) 77
- Tomatensalat mit gegrillter Wassermelone 37

ORANGE
- Hoisin-Marinade 95
- Kirsch-Sangria mit Wassermelone 123
- Linsensalat mit gegrillter Paprika und Granatapfeldressing 35
- Quinoasalat mit cremigem Himbeer-Dressing 21
- Regenbogenspieße (bunte Gemüsespieße) 77
- Sekt mit Himbeer-Holunderblüten-Sorbet 131

ORANGENSCHALE
- Gegrillte Polentaschnitten 63

OREGANO
- Dreierlei Crostini 31
- Gegrillte Pizza mit Zucchini 59
- Maistacos mit knusprigem Tempeh 67
- Quesadillas mit Tomaten-Aprikosen-Füllung 65

ORIENTALISCHE GEFÜLLTE TOMATEN VOM GRILL 69

PANIERMEHL z.B. Sommer Dinkelpaniermehl, Leimer Paniermehl, Bauck Hof Dinkel Semmelbrösel
- Falafel im Brot 51

- Muhammara (Paprika-Walnuss-Dip) 101
- Vegane Burger 53

PAPRIKA
- Curry-Bulgur-Salat mit getrockneten Kirschen und Pistazien 17
- Linsensalat mit gegrillter Paprika und Granatapfeldressing 35
- Muhammara (Paprika-Walnuss-Dip) 101
- Regenbogenspieße (bunte Gemüsespieße) 77
- Vegane Burger 53

PAPRIKA-WALNUSS-DIP 101

PAPRIKAPULVER
- Gegrillte Seitan-Currywurst 81
- Hummus 99
- Vegane Burger 53

PASSIONSFRUCHT s. Maracuja

PEPERONI
- Sweet-Chili-Sauce 105

PETERSILIE
- Falafel im Brot 51
- Gegrillte Kartoffelscheiben mit Petersilien-Knoblauch-Öl 73
- Gegrillter Kartoffelsalat 33
- Gegrillter Romanasalat mit Gremolata 75
- Grünes Chimichurri (scharfe Kräutersauce) 91
- Hummus 99

PETERSILIEN-KNOBLAUCH-ÖL 73

PFEFFERKÖRNER
Gegrilltes Kräuter-Baguette mit Tomaten-Pfeffer-»Butter« 45

PFIRSICHE, GEGRILLT, MIT VANILLEEIS UND KEKSBRÖSELN 117

PFLANZENMARGARINE z.B. Alnatura Dreivierteltett, Alsoan. Deli Reform, Rama Bio, Rewe Bio, Vitaquell
- Gefüllte Portobellopilze 71
- Gegrilltes Kräuter-Baguette mit Tomaten-Pfeffer-»Butter« 45

PFLANZENÖL
- Gegrillte Maissalsa mit grünen Tomaten 89
- Vegane Mayonnaise 107

PINIENKERNE
- Gegrilltes Sandwich mit Roter Bete 57

PINKE GRAPEFRUIT-LIMONADE 127

PISTAZIEN
- Curry-Bulgur-Salat mit getrockneten Kirschen und Pistazien 17

PITABROTE natürlich selbst gemacht von Seite 61, aber auch von Florentin, Lidl Pita-Brottaschen
- Falafel im Brot 51

PIZZA MIT ZUCCHINI 59

PIZZAKÄSE z.B. Wilmersburger Pizzaschmelz, Veganic Pizza Cheese
- Gegrilltes Sandwich mit Roter Bete 57
- Quesadillas mit Tomaten-Aprikosen-Füllung 65

POLENTASCHNITTEN, GEGRILLT 63

PORTOBELLOPILZE, GEFÜLLT 71

QUESADILLAS MIT TOMATEN-APRIKOSEN-FÜLLUNG 65

QUINOA
- Quinoasalat mit cremigem Himbeer-Dressing 21
- Vegane Burger 53

RÄUCHERTOFU
- Maistacos mit knusprigem Tempeh 67

REGENBOGENSPIESSE 77

REISPAPIER
- Sommerrollen mit Mango 25

REISSTÄRKE
- BBQ-Ketchup 87
- Gegrillte Seitan-Currywurst 81

RHABARBERSAFT z.B. Voelkel Rhabarber-Trunk, Bauer Fruchtsaft Rhabarber

RHABARBER-EISTEE 129
ROHROHRZUCKER
- Apfel-Haselnuss-Pesto 85
- BBQ-Ketchup 87
- Beerentöpfchen 111
- Blaubeer-Cooler 121
- Bunter Krautsalat mit Zitronen-Joghurt-Sauce 15
- Dreierlei Crostini 31
- Gegrillte Ananas mit Erdbeeren und Schokosauce 113
- Gegrillte Maissalsa mit grünen Tomaten 89
- Gegrillte Seitan-Currywurst 81
- Gegrillter Romanasalat mit Gremolata 75
- Sweet-Chili-Sauce 105
- Veganer Hotdog mit Gurkenrelish 55

ROMANASALAT
- Falafel im Brot 51
- Gegrillter Romanasalat mit Gremolata 75

ROSINEN
- Orientalisch gefüllte Tomaten vom Grill 69

ROSMARINZWEIG
- Bunter Krautsalat mit Zitronen-Joghurt-Sauce 15
- Gegrillte Polentaschnitten 63
- Gegrilltes Sandwich mit Roter Bete 57
- Regenbogenspieße (bunte Gemüsespieße) 77

ROTE BETE
- Gegrilltes Sandwich mit Roter Bete 57

ROTWEIN z. B. einige Rotweine von den Weingütern Zwölberich, Strohmeier, Muster Zweigelt Graf, Schwarztrauber, Janson Bernhard, Stellar Organics, aus der Alnatura Edition u.e.m.
- Kirsch-Sangria mit Wassermelone 123

RUCOLA
- Apfel-Haselnuss-Pesto 85
- Gegrilltes Sandwich mit Roter Bete 57
- Vegane Burger 53

SAHNE
- Beerentöpfchen 111

SALATGURKE s. Gurke

SANDWICH MIT ROTER BETE 57

SANGRIA MIT WASSERMELONE 123

SAUERTEIGBROT fragt am besten beim Bäcker nach, je nach Zutaten kann ein Sauerteigbrot sowohl vegan als auch vegetarisch sein. Oder macht es selbst, *Seite 134* und *135*.

SCHALOTTE
- Apfel-Haselnuss-Pesto 85
- Bunter Wildkräutersalat mit Blüten & Walnuss-Schalotten-Dressing 27
- Vegane Burger 53

SCHARFE ERDNUSSSAUCE 103

SCHARFE KRÄUTERSAUCE 91

SCHMELZKÄSE z. B. Vegusto No-Muh Melty
- Gegrilltes Sandwich mit Roter Bete 57

SCHOKO-COOKIES z. B. TerraSana Cookies Choco, oder macht sie selbst, *Seite 137*
- Gegrillte Pfirsiche mit Vanilleeis und Keksbröseln 117

SCHOKOSAUCE 113

SEIDENTOFU
- Quinoasalat mit cremigem Himbeer-Dressing 21
- Sobanudelsalat mit japanischem Dressing 23

SEITANWÜRSTCHEN
- Gegrillte Seitan-Currywurst 81

SEKT z. B. Zwölbericco (Secco), Weingut Willi Schweinhardt, Ernst Weisbrodt
- Sekt mit Himbeer-Holunderblüten-Sorbet 131

SENF z. B. Kühne Senf mittelscharf
- Gegrillter Romanasalat mit Gremolata 75
- Vegane Mayonnaise 107

SENF, SÜSS z. B. Händlmaier's Süßer Senf
- Bunter Wildkräutersalat mit Blüten & Walnuss-Schalotten-Dressing 27

SESAM
- Sobanudelsalat mit japanischem Dressing 23
- Sommerrollen mit Mango 25
- Apfel-Haselnuss-Pesto 85
- Gegrillte Bananne-Frühlingsrollen mit Kokossahne 115
- Hoisin-Marinade 95

SESAMÖL
- Glasnudelsalat mit Thaidressing 19
- Sobanudelsalat mit japanischem Dressing 23
- Tofuspieße mit Tomatenmarinade 79

SMOOTHIE MIT CHIASAMEN UND MARACUJA 125

SOBANUDELSALAT MIT JAPANISCHEM DRESSING 23

SOJAJOGHURT
- Bunter Krautsalat mit Zitronen-Joghurt-Sauce 15
- Maistacos mit knusprigem Tempeh 67
- Quesadillas mit Tomaten-Aprikosen-Füllung 65

SOJAMILCH
- Vegane Mayonnaise 107

SOJASAHNE
- Gegrillte Ananas mit Erdbeeren und Schokosauce 113

SOJASAUCE z. B. kikkoman
- BBQ-Ketchup 87
- Gegrillte Seitan-Currywurst 81
- Glasnudelsalat mit Thaidressing 19
- Hoisin-Marinade 95
- Scharfe Erdnusssauce 103
- Sobanudelsalat mit japanischem Dressing 23
- Sommerrollen mit Mango 25
- Tofuspieße mit Tomatenmarinade 79

SOMMERROLLEN MIT MANGO 25

SONNENBLUMENKERNE
- Quinoasalat mit cremigem Himbeer-Dressing 21

SORBET 131

SPARGEL
- Gegrillter Kartoffelsalat 33

SPINAT
- Apfel-Haselnuss-Pesto 85
- Maistacos mit knusprigem Tempeh 67

SPITZKOHL
- Bunter Krautsalat mit Zitronen-Joghurt-Sauce 15

SPROSSEN
- Bunter Wildkräutersalat mit Blüten & Walnuss-Schalotten-Dressing 27

STACHELBEEREN
- Beerentöpfchen 111

STERNANIS
- Sweet-Chili-Sauce 105

SWEET-CHILI-SAUCE natürlich selbst gemacht von *Seite 105* oder z. B. Naturata Sweet-Chili Grill- und Würzsauce
- Sommerrollen mit Mango 25

TACOSCHALE sollten eigentlich nur aus Maismehl, pflanzlichem Öl, Wasser und Salz hergestellt warden, ihr müsst wie immer leider genau auf die Inhaltsstoffe schauen. So hergestellt sind z. B. Don Enrico Mexicano Taco Shells

MAISTACOS MIT KNUSPRIGEM TEMPEH 67

TAHINI z. B. Rapunzel Tahin
- Hummus 99

TEE
- Rhabarber-Eistee 129

TEMPEH
- Maistacos mit knusprigem Tempeh 67

THYMIAN
- Gefüllte Portobellopilze 71
- Gegrillte Pizza mit Zucchini 59
- Pinke Grapefruit-Limonade 127

TK-HIMBEEREN
- Sekt mit Himbeer-Holunderblüten-Sorbet 131

TOFUGRILLWÜRSTE
- Gegrillte Seitan-Currywurst 81

TOFUSPIESSE MIT TOMATENMARINADE 79

TOMATEN
- Falafel im Brot 51
- Gegrillte Gemüsetürmchen 41
- Gegrillter Brotsalat mit mediterranem Gemüse 43
- Mango-Salsa 97
- Orientalisch gefüllte Tomaten vom Grill 69
- Tomatenmarinade 79
- Tomaten-Pfeffer-»Butter« 45
- Tomatensalat mit gegrillter Wassermelone 37

TOMATEN, GETROCKNET, IN ÖL
- Gegrillte Polentaschnitten 63
- Gegrilltes Kräuter-Baguette mit Tomaten-Pfeffer-»Butter« 45

TOMATEN, GRÜN
- Gegrillte Maissalsa mit grünen Tomaten 89

TOMATEN, PASSIERT
- Gegrillte Pizza mit Zucchini 59

TOMATENMARK
- BBQ-Ketchup 87
- Curry-Bulgur-Salat mit getrockneten Kirschen und Pistazien 17
- Gegrillte Seitan-Currywurst 81
- Tofuspieße mit Tomatenmarinade 79

TOMATEN-PFEFFER-»BUTTER« 45

VANILLEEISCREME z. B. Cristallo Soja, SoYeah Soja
Eiskrem Vanille, Tofutti Vanille
- Gegrillte Pfirsiche mit Vanilleeis und Keksbröseln 117

VANILLESCHOTE
- Beerentöpfchen 111

VANILLEZUCKER z. B. Rapunzel Bourbon Vanillezucker, Alnatura
Bourbon Vanillezucker, Naturata Bourbon-Vanillezucker
- Kokos-Erdbeer-Smoothie mit Chiasamen und Maracuja 125

VEGANE BURGER 53

VEGANE MAYONNAISE 107

VEGANER HOTDOG MIT GURKENRELISH 55

WALNÜSSE
- Bunter Wildkräutersalat mit Blüten & Walnuss-Schalotten-Dressing 27
- Muhammara (Paprika-Walnuss-Dip) 101

WALNUSSÖL
- Bunter Wildkräutersalat mit Blüten & Walnuss-Schalotten-Dressing 27

WASSERMELONE
- Dreierlei Crostini 31
- Kirsch-Sangria mit Wassermelone 123
- Tomatensalat mit gegrillter Wassermelone 37

WASSERMELONEN-CROSTINI 31

WILDKRÄUTERSALAT MIT BLÜTEN & WALNUSS-SCHALOTTEN-DRESSING 27

ZIMT
- Gegrillte Karotten mit Haselnuss-Basilikum-Bröseln 39
- Orientalisch gefüllte Tomaten vom Grill 69
- Beerentöpfchen 111

ZITRONE
- Beerentöpfchen 111
- Blumenkohlsteaks mit Erbsenpesto 49
- Bunter Krautsalat mit Zitronen-Joghurt-Sauce 15
- Bunter Wildkräutersalat mit Blüten & Walnuss-Schalotten-Dressing 27
- Curry-Bulgur-Salat mit getrockneten Kirschen und Pistazien 17
- Dreierlei Crostini 31
- Gefüllte Portobellopilze 71
- Gegrillte Karotten mit Haselnuss-Basilikum-Bröseln 39
- Gegrillter Brotsalat mit mediterranem Gemüse 43
- Gegrillter Kartoffelsalat 33
- Gegrillter Romanasalat mit Gremolata 75
- Gegrilltes Kräuter-Baguette mit Tomaten-Pfeffer-»Butter« 45
- Gegrilltes Sandwich mit Roter Bete 57
- Hummus 99
- Kirsch-Sangria mit Wassermelone 123
- Linsensalat mit gegrillter Paprika und Granatapfeldressing 35
- Pinke Grapefruit-Limonade 127
- Rhabarber-Eistee 129
- Sobanudelsalat mit japanischem Dressing 23
- Sweet-Chili-Sauce 105
- Tomatensalat mit gegrillter Wassermelone 37
- Vegane Mayonnaise 107

ZITRONEN-JOGHURT-SAUCE 15

ZITRONENGRAS
- Scharfe Erdnusssauce 103

ZITRONENMELISSE
- Sekt mit Himbeer-Holunderblüten-Sorbet 131

ZUCCHINI
- Gegrillte Gemüsetürmchen 41
- Gegrillte Pizza mit Zucchini 59
- Gegrillter Brotsalat mit mediterranem Gemüse 43
- Regenbogenspieße (bunte Gemüsespieße) 77

ZUCKER
- Grünes Chimichurri (scharfe Kräutersauce) 91
- Hummus 99
- Vegane Mayonnaise 107

ZUCKERERBSENSCHOTEN
- Sobanudelsalat mit japanischem Dressing 23

ZWIEBEL
- Curry-Bulgur-Salat mit getrockneten Kirschen und Pistazien 17
- Dreierlei Crostini 31
- Falafel im Brot 51
- Gegrillte Maissalsa mit grünen Tomaten 89
- Gegrillte Seitan-Currywurst 81
- Gegrillter Brotsalat mit mediterranem Gemüse 43
- Grünes Chimichurri (scharfe Kräutersauce) 91
- Guacamole mit Mango und Granatapfel 93
- Linsensalat mit gegrillter Paprika und Granatapfeldressing 35
- Muhammara (Paprika-Walnuss-Dip) 101
- Quinoasalat mit cremigem Himbeer-Dressing 21
- Regenbogenspieße (bunte Gemüsespieße) 77
- Tomatensalat mit gegrillter Wassermelone 37
- Veganer Hotdog mit Gurkenrelish 55

IMPRESSUM

© 2. Auflage 2015 Fackelträger Verlag GmbH, Köln
Emil-Hoffmann-Straße 1
D-50996 Köln
1. Auflage 2015

Rezepte: Anna Walz, Hamburg
Redaktion & Lektorat: Ilka Grunenberg, Köln
Umschlaggestaltung, Layout und Satz: Inga Lux, Wiesbaden
Fotografien: Fotos mit Geschmack – Ulrike Schmid & Sabine Mader, Alling
Gesamtherstellung: Fackelträger Verlag GmbH, Köln
ISBN 978-3-7716-4595-3
Printed in China
www.fackeltraeger-verlag.de